煙鳥怪奇録
ののさまのたたり

煙鳥／編著・怪談提供
高田公太、吉田悠軌／共著

JN053575

竹書房
怪談
文庫

※本書に登場する人物名は、様々な事情を考慮して一部の例外を除き仮名にしてあります。また、作中に登場する体験者の記憶と体験当時の世相を鑑み、極力当時の様相を再現するよう心がけています。現代においては若干耳慣れない言葉・表記が登場する場合がありますが、これらは差別・侮蔑を意図する考えに基づくものではありません。

装画　綿貫芳子

怪談という連鎖

煙鳥

怪談というものは決して一人で完結するものではありません。

書き手と読み手。聞き手と語り手。

人が二人以上いることの連鎖反応により形を現すものです。

僕は長年、怪談収集活動をしてきました。

すると、時間、場所、空間を超越し、怪談が全く見たことのない形として姿を現すことがあります。

本書はそんな怪談たちを多数忍ばせております。

怪談というものは決して一人で完結するものではありません。

煙鳥という収集家、吉田悠軌、高田公太という書き手による連鎖。

僕らと本書を手に取った読者の皆様方。全ては連鎖の渦の中。

僕らは体験者から預かったとっておきの怪談をあなた方に届けます。

どうぞ、最後の一頁まで共にお付き合いください。

目次

■……高田公太
●……吉田悠軌
▲……煙鳥

チ・コッ・テレケ

キップネコロカ，フナッパケタ，
イッケウキロロ，モントゥムキロロ
チヤイコサンケ，ポン　ニッテカムイ
シカウタップクルカ　チエシタイキ，
キムン　イワ　イワクルカシ　チエキック　フミ
リムナタラ．チオアンライケ　ポクナモシリ
チ・コッ・テレケ． フモッカケ　チャッコ．

北海道の話で。

三十年前らしいです。

話してくれたのは、お爺ちゃんの人なんですけど。

や、僕の親の親としてのお祖父ちゃんではないです。普通に、歳取ってる男の人ということですね。ずっと北海道に住まれている方。

この人が狩猟免許を持って猟銃も持ってるんですよ。で、猟友会にも入ってて。

ヒグマが出たとなると、いわゆる「有害駆除」に出向かなきゃいけないんですね。

ヒグマ狩りです。ただ勿論山中でヒグマが目撃されるのは当然なので、それだけでは狩りをしません。里に下りてきて人前に現れた、田畑に被害が及んだ、といったことがあって初めて駆除に行く。

そのときもまずは、畑を荒らすクマが出てしまった……という話だったそうです。

すぐ前の山から下りてきたはずだということで、まずそこの山狩りに入ってみた。

安全のため数人がひとかたまりになって、山を麓からガーッと上がっていくんです。

だけど、いないんですって。熊が。どこにも。皆さん熟練のプロだし、大きな山じゃないから見落としはないはずなのに。

「ってことは入れ違いで、もしかして今、里のほうに下りているんじゃないか？」

それなりに高い可能性として考えられる。いや低い可能性だとしても、もしそうなら一刻も早く対応しなくてはならない。悠長なことは言っていられない。

今度は、逆に皆が散り散りバラバラになりました。危険は伴うけど、とにかく一刻も早くクマを見つけるため、集落一帯を一気に探しまわる作戦です。

お爺ちゃんも自分が受け持ったエリアを必死に駆け回った。

そしたら、いたんです。

畑に、ヒグマが。

報告された通りの個体に違いない。

あいや、何の作物の畑だったかは、すいませんお爺ちゃんから聞いてはいません。でもはっきり全体が目視できたということは、トウモロコシみたいな穂の丈が高い畑じゃないんでしょうね。ビートとかスイカとか、そこらへんなのかと。

とはいえまあ、見つけたはいいけど、こちらは一人きり。駆除に入るには危ない訳です。だから皆に連絡して、到着を待つことにした。

その後はお爺ちゃん、襲われないくらいの遠い距離で息を詰めて、じっとクマを見張っていた。

当のクマは畑の農作物をくんくん嗅ぎまわったり、がしがし食い荒らすような動作をしている。

ああ悪さしてんなあ……と、それでもお爺ちゃんは冷静に観察してたんですが。

そしたら。

すうっ……とクマが地面に伏せていったんです。

四つん這いというより、完全にうつ伏せの体勢です。

あ、まずい。

クマって本気で走るとき、まず伏せの姿勢に入るらしいんです。これは自分に気付いたのか、だから走って逃げようとしているのか。お爺ちゃんは焦りました。

ピリッと緊張した瞬間が走る。でもクマは走り出そうとしない。どういうつもりなんだろうか。

お爺ちゃん、敢えてちょこっとクマに近づいてみたんです。こちらの気配の動きにどう反応するか見てみようと。

一、二歩にじり寄る。

だけどクマは伏せた姿勢のまま、ピクリとも動かない。

……おかしいな。アイツ何しようとしてるんだ……。

更に進む。いきなり自分のほうへ突進してきたら怖い。でもクマは頭をこちらに向けるどころか微動だにしない。注意しつつも少しずつ近づいていくけど、クマは全然動かない。

こんな状況は、お爺ちゃんとしても初めてな訳で。

おかしいおかしいと距離を詰めていくうち、とうとう畑に入ってしまった。

そこでようやく分かったんです。

そのクマが、ぺちゃんこになっていることに。

慌てて駆け寄ってみると、黒い身体は殆ど平面になるまで潰れていた。口と尻からは、白だのピンクだのの内臓がぐっちょり飛び出ていて。それがほかほかと湯気を立てていて。

踏まれたみたいだった。そう、お爺ちゃんは言ってました。

巨大で、重くて、透明な足に、踏み潰されたみたいだった、と。

はい？　……あー、そうですね。

凄い勢いで思い切り「グシャッ！」と踏まれた感じではないと思います。

だってそのクマ、「うんこなせ」って感じで、ゆっくり四つん這いから伏せの姿勢に入っていったらしいので。

お爺ちゃんはずっと凝視していたんだし、どういうタイミングでぺちゃんこになってしまったのか不明ですけど。

多分気付かないほどの遅さで、ゆっくりゆっくり、みちみちみちみち、潰されていったんでしょうね。

一瞬じゃなく、じっくり時間を掛けて。

それでもそのクマは少しも抵抗せず、悲鳴どころか鳴き声一つすらも上げなかったんですよね。

天から下りてきた何かに潰されることを、すっかり受け入れ、諦めていたんでしょうね。

＊

――またこれも北海道で。ただし最近の出来事です。

VRで知り合った若い男性なんですけど、その人も狩猟免許を持っている。今なんか猟師ブームじゃないですか。いや、ブームはおかしいけど。免許取って猟銃持って猟友会入ってる若い人、よくいるじゃないですか。

そこでもクマの被害があったので、「箱罠」？　っていうのを仕掛けたらしいんですよ。ネズミ捕りみたいな檻のデッカい奴ですね。

それぞれの罠には自分が仕掛けたものですよ、と名前を書いておく。度々巡回してそれらを確認していく、という流れらしいんですけど。

あるとき、その箱罠にクマが捕まっていた。有害駆除で指定されていた個体です。

そのために仕掛けた罠だったので。

オスの、めちゃめちゃ巨大なクマだったそうです。箱罠にぎっちり詰まっちゃうほどの図体だったけど、暴れることもなく大人しくへたり込んでいる様子。

「こりゃあちょっと、自分では手に負えないなあ」

ここまでの大きさになると強力なライフルでなければ仕留められない。そうした銃を持っている知り合いに頼んで、こちらに来てもらわなければ。

そこは電波の通じないポイントだったので、麓まで下りて電話して、待ち合わせることにした。

「例のクマ、俺の罠に掛かったけど、すげえでかいオスだった。お前のライフルじゃなきゃちょっと駄目だわ。来てくれっか」

しばらくしたらその知人が到着。二人して、麓からまた箱罠のほうへと戻っていったんです。

そしたらもう、ね。

同じことですよ。

クマがぺちゃんこに潰れていた。

内臓とか脳漿《のうしょう》とか混ざったぐちゃぐちゃが、口や肛門から外にどばーっと排出されていて。肉体は十センチになっていたというのが、体験者さんの言い方です。「もう厚さ十センチにまでなっていた」と。

でもですよ。

そいつが入っていた箱罠は何ともなっていないんです。

へこみも傷つきもせず、しっかり四角い檻のまま。

何故か中身のクマだけが、全体、十センチにまで押し潰されていたという……。

なんなんですかね、これ？

北海道って、ちゃんと探せばこれと似たような体験談や目撃談、けっこうあるんでしょうかね？

……ってまあ、そういうお話です。

けれども，とうとう，ある時間に，
私は腰の力，体の力を
みんな出して，悪魔の子を
肩の上まで引っ担ぎ，
山の岩の上へ彼を打ちつけた音が
がんと響いた．殺してしまって地獄へ
踏み落した．あとはしんと静まり返った．

（小オキキリムイが自ら歌った謡「この砂赤い赤い」
知里幸惠・編訳『アイヌ神謡集』（岩波書店）より）

トムラウシの雨

もう一つ、北海道の山の話をしていいですか。

山登りが好きな人から聞いた話です。

その男性、Aさんとしておきましょうか。前々から登りたかった山に、夏登山に行ったそうなんですよ。北海道のど真ん中にある、「トムラウシ山」っていうんですけど。

……あ、吉田さん、御存知ですか？

有名な山？　何で？　はあ、はい、それはじゃあ、話が終わった後で聞きます。

ま、この男性、友人二名と計画を立てて、夏のトムラウシに登ることになった。

その日は天気も快晴。一行は何事もなくルートを踏破して、山頂まで辿り着いたそうです。

全員でしっかり、頂上からの景色を堪能して。「したっけ帰るべや」と、下山を始めたんですね。

で、まだ歩き出して間もないとき。

「おい、あっこ、誰かいんぞ」

メンバーの一人が、遠くを指さした。

えっ、とAさんともう一人がその方向を見る。ずっと向こうにゴロゴロした岩場みたいなところがあるんですけど。

その岩に、ちょこんと座っている人がいた。

ただ、見るからにおかしいんですよね。

まだ山頂付近ですよ。でもその、恐らく男だろう人、文様みたいなのが一杯入った麻っぽい服を着ている。アイヌの民族衣装みたいな奴ですね。

そんな恰好をしている人がこんなところまで登ってこられないだろう。山の装備じゃないし、コスプレ撮影ができるような環境ではない。見渡す限り、周りにはそいつたった一人しかいないし。

「なんだべ、あれ」

とにかくしっかり確認しようと、友人はザックから双眼鏡を取り出した。Aさんのすぐ横でそれを両目に当て、じいっと顔を前に傾けていく。

「うあっ！」

いきなり友人が叫んで、ずり下がった。

おいどうした、と訊ねるAさんに、友人は口をぱくぱくさせながら双眼鏡を指さしてくる。どうやら、お前も覗いてみろというジェスチャーらしい。Aさん、双眼鏡を受け取って岩場に座っている男のほうへ向けてみたんです。

そこで、友人が口も利けないほど驚いた理由が分かった。

その男の顔、というか頭が、

――鳥、だったんだ。

Aさん、そう言うんですよ。

勿論「鳥って、どんな鳥だったんです？」と質問しましたよ。するとAさん。

「……いやあ、スズメでもないし、ツバメでもないし……」

とにかくクチバシがあって、両目が離れていて、何の鳥かと言われると困るけど鳥そのものだった……と。

ただ「スズメでもツバメでも」と表現したってことは、多分猛禽《もうきん》類っぽくはなかったんでしょうね。ワシとかハヤブサみたいな、クチバシが尖っていて両目が前を向いているような奴ではない。

又はツルとかアヒルとかペリカンみたいな特徴もなかったんでしょう。

小さな丸い頭で、両端に目が付いていて、ちょこんとしたクチバシ……という、いつも街中で見るような鳥の頭をしていたのかと。

勿論被り物なんかではない。明らかに生きた鳥そのもの。

とにかくビックリしたし、意味不明だし。目も背けられず、身体もかたまり、そのままずっと凝視してしまった。

すると、向こうもこちらに気付いた。その気配が双眼鏡越しにも伝わってきた。

ピクリと僅かな角度だけ、こちら側へ相手の顔が向けられた。ただそれだけなのに「目が合ってしまった」ことをはっきり感じた。

するとそいつのクチバシがぱかっと開いて。

ヒョオオオオオオオオオ！


めちゃくちゃ甲高い音が響いたんです。

それはもう耳をつんざくような鳴き声で。Aさん、思わず双眼鏡から目を離して。


オオオォォーー……。


その声がまだ鳴り止まないうちに、目の前がさあっと暗くなった。

今度は辺りが低く激しい音に包まれた。自分の身体に小さなものが激しくぶつかってきた。

雨が降ってきた。それも、物凄い豪雨。

鼻から先が何も見えなくなるほどの、滝のような雨が降り注いできて。

「危ない！　動くな！」

近くにいるメンバーの声で、Aさんも我に返ったそうです。

このあたりの山って、夏でも雨に濡れると凍死の危険があるらしいんですよ。それを皆が理解していたので、すぐにヤッケの襟元や袖を締めて防水対策し、少しでも濡れないよう、その場にうずくまった。

動くとヤッケの空いたところや足元から雨水が入ってきてしまうから、じっと耐えているしかない。

激しい雨粒に打たれて、必死に目を瞑《つぶ》っているうち。

突然、パキッと区切られたように雨が止んだんです。降ってきたときと同じで全く「間」がなく、いきなり百からゼロに切り替わった。

見渡す限りもう、くっきり爽やかな快晴。空には雨雲一つ見えやしない。

向こうの岩場まですこーんと抜けてよく見えたけど、あの鳥頭の姿はもう消えてしまっている。

そしてAさん達、足元へ目を落としてみた。

そこでもう一度、我が目を疑ったそうです。

地面が、濡れていない。

いや勿論自分達三人が立っている下はぐっしょり黒くなっていました。

でも、その二メートル弱くらいの範囲の他は、一滴の水も付いてなくて。

土も草も石も、からからに乾いていたそうです。

＊

トムラウシ。

私・吉田はその山の名前を知っていた。煙鳥君への取材時よりも前に聞き及び、記憶の中に刻まれていた。

しかもこの怪談と同じく、「夏の雨」の恐ろしさを語る山として。

二〇〇二年と二〇〇九年の二度に亘り、トムラウシ山にて痛ましい遭難事故が起きた。二〇〇二年時には二名、二〇〇九年時には八名の死者が出てしまっている。

死因は低体温症。

ただし両年ともに七月という夏登山である。

合わせて十名の人々は、トムラウシの「夏の雨」によって命を奪われたのだ。

また二つの事故とも、羽根田治による著書『ドキュメント気象遭難』『トムラウシ山遭難は何故起きたのか』（共に山と渓谷社）にて、綿密に取材されたレポートが記されている。

その詳しい内容は著作に当たってもらうとして、二〇〇九年時の事故についての概要を『トムラウシ山遭難は何故起きたのか』から抜粋すると。

「この遭難は、低気圧の通過とその後の寒気の流入により引き起こされた、典型的な気象遭難である」

「夏でも起こり得る低体温症の知識がなかったので、生存者は勿論、亡くなった方々もあの悪天候の中で自分の身に何が起こったのか知るすべがなかった。低体温症は冬山で起こるものという先入観から、真夏のそれは想像できなかったのかもしれない」

煙鳥君はこの遭難事故について今まで知らなかったらしい。ただ体験者のAさん、登山を趣味としているAさん達はどうだったのだろうか。

「いや、Aさん達の体験は〝携帯電話が普及し始めた頃〟とのことなので、恐らく一九九〇年代末辺りじゃないかと」

となるとAさん達の体験から数年後、あの二つの遭難事故が起こってしまったという時系列になる。当該ニュースはAさんの耳にも届いただろうが、その際の心境はいかばかりだったろうか。


この怪談を取材した後、私は羽根田治『ドキュメント気象遭難』を再び読み返してみた。

二〇〇二年の事故について記された文章。その末尾は、こう締めくくられている。

「北海道の山を、本州の山の尺度で測ってはならない」

確かに、そうだ。

私はそのとき、著者の想定とは全く別の意味合いで、この言葉を捉え直してしまった。

夏のトムラウシにいた鳥頭の男。それが呼び起こしたであろう奇妙な豪雨……。

北海道の山は、たまにそのようなことが起こるのかもしれない。

音が鳴る

学生時代、地元青森県で新聞配達をしていたという大河原さんの話。

朝刊を配る中、一軒の家の引き戸のすりガラスに人影があった。

その家には高齢の男性が一人で暮らしている。からには、その人影はその爺さんなのだろう。

引き戸に付いた一文字の投函口に新聞を挟み込むと、中からくっと引っ張られて蓋がカコンと閉じた。

早起きの老人が良いタイミングで新聞をいち早く掴んだ。

ただそれだけのことだと思った。

翌日も同様に爺さんの影が引き戸のガラスにあり、新聞は引っ張られた。

よほど早く読みたいんだな、と大河原さんは苦笑いした。

翌々日は、爺さんのシルエットこそ見えるが引っ張られはしなかった。

四日目、前日に挿し込んだ新聞が抜き取られないまま投函口にあった。

戸の向こうの爺さんは微動だにしない。

もしかしたら自分が人だと思い込んでいるだけで何か違う物——レインコートか鉢植えから伸びる大きな植物かが、引き戸の向こうにあるだけなのかもしれない。

きっとそうだな。

日が昇りきっていない早朝に見える光景は、日中とどこか違うもんだ。

この時間は、まだ薄闇のベールが景色に掛かっている。

まあ、そういうことだろう。

大河原君は前日の朝刊の横に新たな一部をねじ込んだ。

五日目、影を尻目に放置された二日分の朝刊を押し込めつつ、またねじ込む。

夜。母との会話。

「あそこのお爺ちゃん、新聞を抜かないんだよね。大丈夫かな」

「ああ。あのお爺ちゃん。可哀想に、自殺しちゃったのよ」

「そうなの？　販売店から聞いてないよ？　ほんとに？」

「本当よ。販売店から聞いてないって、そんなことある？」

「いや、ほんとに聞いてない。もしかしてさ……三日前に亡くなってたとか？」

大河原君は自分が玄関で首を吊った遺体を前に投函していた可能性に怯え、母にそう訊ねた。

「ううん。もっと前。遺体が発見された時点で死後一週間以上は経ってたっていうしね」

「そ、そうなの？」

五日前に新聞を中から引き抜かれていたのだからそんなはずはないのだが、母は平然と辻褄の合わないことを言ってのける。

「でも、それだと……」

「新聞、溜まってるんでしょ？」

「えと……」

そういえば、あの中から抜かれた日が久しぶりの朝刊配達だった。

それ以前は、既に配達を止めていたのかもしれない。

自分だけが訃報を聞かされず無人の家に配っていたのだろう。

そこまでは理解できる。

では、新聞を中から引っ張ったのは誰だ。

あの人影のようなものは……。


当然、学生時代の大河原君は以降、その家に新聞を配達していない。

まだ人影があるかどうかを確認するどころか、一瞥《いちべつ》もくれず彼が乗る配達の自転車は通り過ぎていった。

だが、彼は今でもはっきりとあの投函口が勢いよく閉まる音を思い出してしまう。


カコン。

心中でそれが鳴ると、また薄闇のベールが訪れて風景を変えてしまうのではないかとついつい身構え、ぐっと下を見て歩くよりほかない。

滝の音

夏子さんはとある温泉街の名前を口にし、

「煙鳥さん、あそこ自殺の名所だって誰かから聞いたことあります？」

と問うた。

夏子さんは、友人達とその街の温泉旅館に一泊したことがある。


友人の運転するミニワンボックスがその地区に入ると、車内に硫黄の臭いが微かに入ってきた。

川沿いに宿がずらりと並ぶ、清流と滝で有名な地。

風光明媚《ふうこうめいび》なやすらぎの場……との事前情報に胸を躍らせていたのだが、夏子さんは駐車場に入るなり原因不明の胸騒ぎを覚えていた。

楽しそうにしている友人達に水を差したくないので、とりあえずは黙って旅館に入ろうとする。が、早速胸騒ぎが的中した。
旅館の入り口からちょうど滝が見えた。
そして、ちょうど滝壺のあたりの岩肌にぐったりとした裸の女が引っかかっていた。
長い黒髪が勢いある川の流れに乗ってゆらめいている。
人なら事故。
マネキンか見間違いだとしても、十分に不気味。
それとも〈また〉、自分にしか見えない類のものか。
夏子さんは過去にもこんな体験をしたことがある。
他の人にはその存在を気付けない何かを、自分だけが感じてしまうのだ。
フロントで宿泊手続きを終えた友人達の後を付いて、部屋に入った。
ああ。この部屋も何だか。
気のせいであってほしい。
「……何か、この部屋さ」
つい夏子さんは今自分が抱いている感情を口にしようとした。

「夏子。やめて。知ってる」

友人の一人がそう言ってじろりと睨んだ。

見ると、もう一人の友人も目を伏せて何か言いたげな顔をしている。

「……もしかして、二人も……」

「言わなくていいから」

「分かった」

どうも全員がこのイヤな雰囲気を感じ取っているようだ。

しかし、こんなことで泥を付けたらこの旅行のために段取りを組んだ苦労が水の泡になる。きっと友人もそれを第一に考えて、ネガティブなことを言わないようにしているのだろう。

そうだ。

楽しまなきゃ。

気分を明るいほうに持っていけば、きっと何とかなる。

温泉の泉質はとても良く、身体を温めるうちに少しは気が晴れていくような気がした。

浴場の窓からも滝が見える。

もうあの岩肌の女はいなかった。

夕食の御膳はとても美味しかった。

どうせ明日帰る。

概ね、この旅は成功と言っていいのではないだろうか。

夜になると眠気が勝った。

朝、一行は恙《つつが》なくチェックアウトを済ませて車に乗り込んだ。

エンジンが掛かり、走り出す。

と、ほどなくしてカーナビのディスプレイに電話番号が表示された。

カーナビは、運転する友人のスマホにBluetooth《ブルートゥース》で繋がっている。現在はスピーカーをミュートにしているので、音はない。

「電話、うちらに気にしないで出ていいんだよ」

「ああ、これは大丈夫」

「仕事の電話とかじゃないの？　別にいいんだよ」

「ううん。ほんと大丈夫だから」

そんなやり取りをする間にコールは終わり、ディスプレイは地図を表示するのみとなる。

山間の道はまだ続く。

夏子さんはまだ前日から感じている仄暗い胸騒ぎを若干引き摺っていたが、町に入りさえすれば全て終わるだろうと期待していた。

またディスプレイに着信の知らせが映し出された。

「あ。ほらまた。出たら？」

「出ない出ない」

「聞かれたくない内容ならあたし達、一回車の外に出るからさ。緊急の話だったらどうするのよ」

はっきり覚えてはいないが、数字列は前回の着信と同じように思える。

「そのお気持ちだけは貰っとくから。大丈夫よ。出なくていい」

またも放っておかれた着信が終わる。

出たくない電話なのだろうか。

仲が悪くなった彼氏がいるか、あるいはうざったい家族からか。

しかし、何度も掛かってくる電話にはそれなりに重要な用件である可能性があると思うが。訃報かもしれないというのに。

まだ、車は山の中にいる。

ずっと同じような景色が続いたせいで、夏子さんは少しだけ眠気を感じていた。

また、着信。

三度、同じ電話番号。

「もう。気になるって！　出たらいいじゃん！」

「いや、これ。私の電話番号なんだよね」

「え？」

「いや、だから。私の電話に私の電話番号から着信来てるのよ。ダメでしょ、こんなこと起きたら」

着信が終わる。

「そ、それって結局、どういうこと?」

再び着信。

友人はゆっくりハンドルを切り、路肩に車を停めた。

「電話、出るわ。Bluetooth は切っちゃうね」

バッグからスマホを取り出し、通話ボタンを押す。

友人はスマホをゆっくりと耳へ向けて持ち上げた。

無言。

エンジン音が止むと、この山はこんなに静かだったのか。

風の音一つしない。

友人は険しい顔で着信相手の話を黙って聞いている。

スマホから音漏れはなく、どんな内容なのかは想像も付かない。

もう一人の友人は後部座席で黙ったまま下を向いていた。

その間、車道を走る車は一台もなかった。

友人はスマホを耳元から離したのちも、じっと何かを反芻《はんすう》するように画面を見ていた。

「どうだったの……何の……何の電話だったの……？」

夏子さんがそう訊ねると友人は、

「ずっと、滝の音だけがしてた」

と、ぼそりと言った。

トレンチコート

深夜の札幌の住宅街。

ススキノの飲み屋が閉まった後、サチコは店から少し離れた自分のアパート近くへと戻ってきた。

客として飲んでいた訳ではない。店のスタッフとして労働を終えてきた、その帰り道である。

このむくんだ足を、一刻も早く温めて休ませたい。しかしそのためには、当の足を頑張って前後に動かさなくてはいけない。

ようやく自宅が位置するブロックに辿り着いたので、大通りから一本曲がった路地へと入る。

そこですぐに気が付いた。

コッコッコッ……。

自分の足音とはまた別の、アスファルトを打つ硬い音。それが後ろで鳴り響いている。

足を止めずに振り向けば、自分と同じ方向に歩いている男が一人。

やや距離があるものの、ロングのトレンチコートを着ているのが見て取れる。

今はそこまで寒い季節ではない。とはいえ札幌という土地柄、コートを着用していること自体はとりたてて不自然でもない。

……でも、何か、やだな。

勝手な偏見かもしれないが、自分が嫌と感じたならそれは嫌なのだ。

サチコは歩みを早め、普段曲がらない角を右に折れてみた。

すると硬い音もまた、同じ角で曲がってくる。

考え過ぎかもしれない。偶然ということもある。

ともあれもう一度、適当な路地を左折してみる。

やはり硬い音も左に折れたようで、自分の後ろをついてくる。

もはや駆け足となって、すぐ一本目の路地を再び左折したところ。


コッコッコッコッ。


音は同じ距離を保ったまま、響き続けている。

……ああ、もう確定じゃん。

碁盤目状になっている札幌の路地を間違えることはありえない。だとしたらUターンしてわざわざ同じ道に戻ってきたということになる。

そんな状況など、普通は起こり得るはずがない。

もし起こるとしたら二通りだけ。変質者を撒こうとしているときと、変質者がそれを追いかけているときだけだ。

多くの女性なら、ここで走って逃げるだろう。

しかしサチコは気が強かった。日々ススキノの酔客をあしらっている度胸があった。

「……そのトレンチコートの中身」

口の中で小さく呟いた。

「見せられるもんなら、見せてみろよ……」


コッツーン、コッツーン、コッツーン。


と、そこで後ろの音がより高く、間隔もより長く響き出した。

明らかに男は、大股の歩調に切り替えている。

「うっ」

流石に全身がこわばったが、何とか頭を後方へ向けた。


コッツーン、コッツーン。

軽やかに跳ねるようなステップで、トレンチコートが目の前を横切った。

コツリ。男が数十センチ向こうに着地したかと思うと。

真っ正面にこちらを向き、コートの合わせ部分へ両手を掛けてきた。

くる……！　サチコは身構えた。

次の男の動作は予想通りだった。

男はトレンチコートを、白鳥のように勢いよく広げ、その中を見せつけてきた。

そう、そこまでは予想通りだったのだが。

「……コートの中身ね」

サチコは煙鳥君に、こう告げたのだという。

「ただのボッコだったのよ」

頭も手も足も、普通の人間のものなの。でも胴体だけはとにかくボッコだったのよ。

コートの裏地までちゃんと見えてるのよ、見えてるんだけど中にあるのはただのボッコで、そこから頭や手足がどうやって繋がっていたかは何故だか記憶に、

「ちょ、ちょっと待ってください。〝ボッコ〟って何ですか？」

煙鳥君がそう問いただすと、

「ボッコ？　ボッコってのは、棒のこと」

コートの中ですらりと一本、細い鉄の棒が縦になっているのが見えたのだ、と。

呆気に取られているうち、男は再びトレンチコートの合わせを閉じて、

コッツーン、コッツーン、コッツーン……。

信じられないほどの大股で、夜の向こうへ飛び去っていったのだという。

へふぁいもす

吉田会長にはいつかこの話を投げたいなと思っていました。

あれはどこだったたか、確か大学の交流会をしたときに、参加メンバーの女性から聞いた話です。

居酒屋の座敷にずらりと並んで、かなりの人数がいる場でした。その隅っこで、僕が知り合いと怪談を語り合っていたら、

「怖い話してんの？」

なんて話の輪に交ざってきた女の人がいたんですね。知り合いでも何でもない、その場限りの出会いでした。

名前も聞かなかったか忘れてしまったので、仮に栄子さんとしておきましょうか。

「栄子さんはそういう話ないの？」

「怖い話？　ないなあ」

「じゃあ変わった体験とか、何か不思議だなと思った出来事とか、今まで何かあった？」

といったような、怪談取材に付きもののやり取りをしてみたところ。

「う～ん……前に住んでいた部屋で、変な声が聞こえたことはあったかなあ……」

ただそれだけなんだよね、変な声しただけなんだよ、怪談でも何でもないよ、と。

これまた怪談取材の定石ですが、そう言われて引き下がるはずがありません。

色々と細かく問いただささなくては。文字通り本腰を入れるため、僕は座布団の上で座り直しました。

栄子さんは地方出身で、大学から東京で一人暮らしをしていた。住んでいたのは狛江市だったそうです。多摩川沿いで、川向こうが登戸になるエリアですね。僕も登戸とか生田の辺に住んでたので、馴染みがある場所でした。

その狛江のアパートに、一年生の四月から住み始めて。それから少し経った、七月あたりの頃だったそうです。

大学から帰ってきて、夕ご飯を食べる。まだ全然早い時間なのに、何故か突然の眠気が襲ってきたんです。

自分としてはテーブルに肘をついて、ちょっとだけウトウトしただけの感覚でした。

カクリ、と頭が落ちて気が付いた。

あらあらちょっと寝落ちしちゃったか、と時計を見る。すると、何ともう二時間も経ってしまっているじゃないか。

うわあ、時間もったいないなあ。

そう思った瞬間、後ろから声がしたんです。

へふぁいもす――。

と。

男の低い声だった。

へふぁいもす？　ヘファイモス？　ｈｅΦａｉｍｏｓɯ？

全く意味が分からない単語だけど、いやそもそも一つの単語なのかどうかすら知らないけど、確かにそう聞こえた。一字一句間違いない、一音たりとも別の音ではなかったと確信できた。

でもやっぱり、何を意味しているのかさっぱり見当も付かない。

そしてこのとき以降、栄子さんは同じ声を度々聞くようになってしまった。

シチュエーションはいつも同じ。何だか眠くなってうたた寝をしていて、そこから目覚めてパッと起きた瞬間。

へふぁいもす――。

背後で、男の低い声がする。後ろを振り返っても、いつも異常は見当たらない。

そんなことを、恐らく二十回も三十回も体験していたような口ぶりでしたね。途中からはもう栄子さん、日常生活の中でよく聞く幻聴があるのだと割り切って、気にしなくなっていたそうですから。

「でもたまに、その声が変なときがあったんだよね」

何というか、速度が変化するようなときが、数回に一度ある。テープの早回しのような早口で「ヘファイモスッ」となったり、逆に凄くゆっくり「へ〜ふぅぁ〜〜いぃ〜〜も〜〜す〜〜〜」となったり。前者なら声のオクターブも高くなり、後者なら低くなる。

とはいえ、そんな変調も特に気にしてはいなかった。むしろ笑っちゃったりしていたそうです。確かにピッチが変わると、コミカルな印象になりますからね。

自分の中の幻聴なんだから、そりゃあその日の体調次第で、多少変わったりもするでしょうよ、と。何せ私が私の中で作った、実在しない声なんだから、と。

「ただ一度だけ、全然変わったときがあったんだよね。上手く言えないけど、もう全然違う感じに聞こえたの」

へっザザザ……チャッ……ジジジジ……も……。

その日、例の声はいつもよりずっと細く微かで、消え入るような音量だった。

しかもそこにノイズが混じっている。ラジオの周波数が合わないとき、電気信号が変化したときに発生する音響ノイズ。

これまではっきり明瞭だった「へふぁいもす」の音が、乱れてノイズになってしまっている。

何故だろう。

それが物凄く恐ろしかった。

この声はこの世のものじゃないんだ。そう痛感させられてしまった。

理由は説明できないけれど、これまで一切存在しなかった恐怖を、今回だけは強烈に感じてしまった。

ただしこれを境に、何故か声はぱたりと止んでしまったそうです。

それから今にいたるまで、もう二度と「へふぁいもす」が聞こえたことはない。

二年後の更新の際、栄子さんが大学三年生に上がるタイミングで、狛江のアパートは引っ越したという。

何のオチもないですけど、そういう話です。

栄子さん本人としては、ほぼほぼ怪談だとは思っていませんでした。

僕がめげずに取材したから、根掘り葉掘り細かいところを聞いたから、ようやく他人に向けて語った、ちょっと変な思い出に過ぎません。

体験時だって取材したときだって、何だか変な声が聞こえた程度の事態だと思っている。そんなこと、別に誰でもたまには起こり得る自然な現象だと捉えている。

でも、それでも。

「へふぁいもす」の声が、か細くノイズ混じりになった途端、栄子さんはいきなり恐怖を覚えた。それまでと全然違うものだと感じてしまった。

僕の取材メモにはっきり書いてあります。

「やっぱりこの世のものじゃないと思った」と。

でもそれは何故なのか……難しいですよね。どうしてなんでしょうかね……。

「実際の音」のように聞こえたからではないか。

私は煙鳥君に、そう答えた。

ノイズが混じるということは、電気が介在するような物理的変化を意味してしまう。脳内の幻聴であればそのような不具合は起こらない。細く小さく聞こえづらくなったことも含め、これは自分の「外部にある音」でなければ起こらない変化だと感じてしまったのではないか。

これは幻聴ではない。

私が私の中で作った声ではない。

私が今いる空間に響く「実際の音」、私ではなく「外部にある音」なのではないか、と。少なくとも彼女の印象としては、そう聞こえてしまったのだろう。

だから初めて恐怖を感じたのだ。

これまで聞いてきた声が「この世のものじゃない」と気付いたのだ。

正確に言えば、

「この世のものじゃない声が、この世にある。今私のいるこの空間で響いている」

と無意識に感じ取ったからこそ、栄子さんは怖くなったのだ。

この世の些細な隙間に、あの世がほんの少しだけ顕《あらわ》れる。

その瞬間を捉えているのだから、これは変化球の怪談ではない。スタンダードすぎるほどスタンダードな怪談ばなしである。

ナニコワ

工藤さんが外回りから戻ると、同僚の史恵さんが興奮気味に話しかけてきた。

「工藤さん、さっき誰かとすれ違ってません？」

「え？　いたかな……」

「さっきまで、工藤さんのデスクに知らない人が座ってたんですよ」

いつから座っていたのかは分からないが、史恵さんが気付いたときには、見知らぬ男が工藤さんのパソコンのキーボードを慣れた手つきで叩いていた。

「ねえねえ。あの人、誰？」

史恵さんは隣のデスクの同僚にそう耳打ちした。

「え？　工藤さんでしょ」

「工藤さんじゃないわよ。ほらよく見て」

同僚は改めて顔を上げて、また「工藤さんじゃないの」。

史恵さんはその戯れに失礼がないように、無言で頷《うなず》いたのち、わざわざ席を立ち、違う同僚に訊くことにした。

「ん？　工藤さんがどうしたの？」

「違うわよ。ほら、工藤さんじゃないわよ」

「どう見ても、工藤さんだろう。どうしたのよ。何の冗談」

冗談はどっちよ、と内心で史恵さんは憤ったが、もうこのフロアにいる者全てがこの冗談に付き合っているような気がする。

こっちは本気だというのに。

いや……待てよ。

もしかしたら、自分が知らないだけで、あの見知らぬ男の名も〈工藤〉なのかもしれない。だとしたら、皆の反応も納得がいく。

が、違和感がある。

何だこの違和感は。

あの男に直接何者かを訊ねてみよう。

さて、どう訊ねる。

とまで史恵さんは考えあぐね、結局は、

「工藤さんですか？」

と男に近づき、言った。

「……チッ」

男は舌打ちと同時に面倒臭そうに立ち上がり、フロアを出た。

「ほんとにすれ違ってないですか。工藤さんとあの男、殆ど入れ違いでしたよ」

「いや……廊下を歩く社員の顔をそんなにジロジロ見ないからさ。いたかもしれないけど、分かんないよ」

工藤さんは苦笑いを浮かべながら何度か頭を史恵さんに向けて小さく下げつつ、自分のデスクに座った。

パソコンの電源が点いていた。

ディスプレイには不動産検索サイト。

「あ」

工藤さんが住むアパートの賃貸情報が表示されていて、上部のバーには「完了」という文字が打ち込まれていた。

激痩せ

これも凄く短い話ですね。

長野の女性です。ワンルームで一人暮らしをしていたそうです。

場所はええと、長野県で一番栄えているところ、どこでしたっけ？

「松本？　他のエリアの人は怒るかもしれないけど、松本じゃない？」

そうです、そうです。松本のアパートでした。

その日は久しぶりの休日で。まだ明るい時間帯、女性は久しぶりにゆっくりお風呂に浸かろうと、バスタブにお湯を溜めたんです。

浴槽がちょうどいいところになったので水道を止め、服を脱いで、浴室の扉を開けたんですけど。

まずそこの造りを説明しますね「うん」。

このお風呂場、入ると正面に大きな鏡があって「うん」。これがかなり大きな、姿見に近いような鏡でして「うん」。その鏡の脇にシャワーがあって「うん」。向かって右側に浴槽がある「はい」。

なので服を脱いで浴室に入ったら、まず自分の身体が目に入ってくる。

鏡に映った裸の姿。それが、驚くほどに痩せていたんです。

「ほお」

当時物凄く仕事が忙しかったらしくて。それこそ自宅で風呂に入らず顔を洗うだけの日も多かった。また入ったとしても深夜にフラフラの状態だったし、急いでシャワーを浴びるだけなので、鏡でしっかり全身を見る機会がなかった。

だから気付けなかったけど、いつの間にか激痩せしてしまっていたんですね。

鎖骨も肋骨もくっきり浮き出ている、こんな自分の姿は今まで見たこともない。

……うわあ、私、こんなにやつれちゃったんだ……。

手で身体を擦ってみると、ごつごつした骨の感触ばかり。肉や脂肪の柔らかさも感じないし、肌もざらざらしている。

……とにかく今日はゆっくりお湯に浸かろう……。

そう思ってバスタブに足を入れる。扉のほうに後頭部を向ける形で、身体を寝かせる。

そこで気付いたんです。

視線の先の鏡。その鏡に、まだ自分が映っていることに。

鏡の中で、ガリガリに痩せた自分が、まだ両手で身体を擦っている。

先ほど鏡を見つめていた自分の映し姿と同じく、真正面をじっと向いている。

「えっ！」と彼女がバスタブの中で声を上げたら。

「あっ！」という感じで口を開いた鏡の彼女が、斜め左のこちら側に顔を向けた。

ばばばばばばばばばっ！

なんて音は流石にしてませんが。正に「ばばばば」という音が鳴るような、昔のアニメみたいな凄く早送りの動作で、急いで風呂に飛び込んだんです。

「へえ、そんな」

鏡の自分が、慌てて今の自分と同じ位置へと動いた。だから鏡にはもう、本来そう映るべき自分の姿が映っている。

つまり大きな鏡の下側に、バスタブに浸かっている自分の顔が、斜めの角度で映されている「うん、分かるよ」。

そこまではちゃんと合っている。普通に合っているんですけど「うん」。

ただ、ですね。

「うん」

鏡の自分、めちゃくちゃ爆笑していたそうです。

「……」

あ〜あ、バレちゃったよ。

といった風に、もう隠す気もないみたいに。

「ドッキリ失敗、みたいな」

はい。そういう悪意を感じますね。……っていうだけの話なんですけど、僕これ凄い好きなんですよね。

「鏡の自分とずれる怪談はたまにあるけど。〝その後〟があるのは珍しいね」

そうなんですよ。自分の知らないところで何かが進行しているみたいな気持ち悪さがあって、だから凄く好きなんですよ。

「あと、女性が激痩せしていたってところも、何か関わってそうだな」

ああ、なるほど。

「タイトルは『激痩せ』だな」

決めるの早いな。

「〝その後〟があるというネタバレも回避できるし。もう今、これだけは決めておくわ。この怪談のタイトルは、『激痩せ』」

分からない夜

高校の部活帰り。いつも夜道は暗い。
今日は特に暗い。
まるで月も星も消えてしまったようだ。
それもそのはず、見渡す限り、明かりを点けた民家が一軒もないじゃないか。
皆が就寝するほど遅くはないだろうに、不思議な夜だ。
もうそろそろ家に着く。
光の点滅がほど近い場所に見える。
隣の家のセンサーライトだ。
本日の帰路の中初めて見た光。
光は数秒明るく。
また暗くなる。

数秒明るく。
暗くなる。
動く何かがセンサーに反応しているらしい。
近づくと数秒の明かりに照らされて、誰かが立っているのが分かる。
誰だろう。
その人は数秒だけ見え。
また消える。
数秒だけ見え。
また消える。
幾ら近づいても誰だか分からない。
ただの黒い人影——人の輪郭だけが数秒現れては闇に紛れる。
足元の影は薄く、黒みのコントラストは頭部方向にいくにつれて濃くなる。
家はすぐそこだ。
駆ける。

が、我が家も真っ暗だ。

帰宅を躊躇《ためら》う。

しかし、そうしている間にもその人影は現れては消える。

家に入る。

やはり家の中が暗い。

明らかに誰もいないじゃないか。気配が全くないじゃないか。

パチパチと蛍光灯のスイッチを入れつつ、二階の自室へ。

夢のようだが、夢ではない。

現実味のある夢とも、夢のような現実とも付かないが、今自分が保っている意識は間違いなく現実のそれだと自覚できる。

窓から外を見下ろす。

いつの間にか、点滅は終わっている。

代わりに、家の玄関前に白い服を着た女が一人。

呆けた顔の女。

今にも家に入ってきそうな雰囲気を感じる。
玄関の鍵はさっき。
いや、掛けていない。
カーテンを閉めて、布団を頭からかぶった。
朝、聞き慣れたスリッパが床を踏む音に安心し、廊下へ。
振り返った母に「あんた、いつの間に帰ってきてたの」と言われる。

襖《ふすま》

ある女性から聞いた話である。

アパートでいつものように眠りに就いた。
しかし夜中に目を覚ますと、実家の仏間にいる。
はっきりとしない頭のまま、身体は動かない。
周りを見ると、仏壇に足を向けて布団が敷かれてあった。
二度寝しようか、どうしようか。
低血圧気味の彼女は、ぼうっと考える。

ガ、ガガ、ガタガタ。

音がしたほうを見ると、仏間と客間を隔てる襖を何者かが開けようとしている。
建て付けが悪くなっているらしく、なかなか開かない。
乱入者の存在に気付くと、すっと頭が覚醒した。
上半身を起こして、後ろ手をつく。
そのまま膝を立てると体育座りのような体勢になった。

ガタガタ、ガタガタ。

なかなか襖は開かないようだが、それなりの隙間はできていた。
隙間の向こう、客間は真っ暗だ。
痩せ細った腕が隙間から差し込まれる。
その腕の痩せ具合は病的で、殆ど骨と皮だけで構成されているようだった。
実家に住む家族の中に、こんな腕を持つものはいない。
その様子に慄《おのの》いていると客間から差し入れられた腕は、ぬうううううっと細長く伸び、先の五指は今にも何かを掴まんと結んでは閉じを繰り返している。
腕はこっちに伸びてきている。
あたしを捕まえる気なのだろうか。
近づくにつれ、腕の様子がはっきりと分かるようになった。
この腕、関節がない。
肘に当たるものが全くなく、極限まで頼りない肉棒、いわば萎びたぐにゃぐにゃの
ソーセージのような作りをしている。
既に腕の長さは二メートルを過ぎているのではないだろうか。
簡単に言えば、これは人の腕ではない。
逃げるために立ち上がろうと、畳に手を突く。
しかし手汗でバランスが崩れたが最後、腕の伸びが気になりパニックに陥った。
迫りくる五指から何とか逃れようと身をよじる。
ああ。無理だ。掴まれる。
手が足首に触れると、きゅうと冷たい感覚に包まれた。

氷の輪が足首を締め付けてくるようだった。
足を握り潰す気でいるのかと思うほど、強い力だ。
冷たく強い手が、ぐいぐいと客間のほうへ引っ張っていく。
為すすべもなく、身体が畳を擦って動かされていく。
この細い腕のどこにこれほどの力があるのか。
相変わらず、襖は腕一本が通る程度しか開いていない。
こいつは、どうするつもりで自分をあっち側へ連れて行こうとしているんだ。
無理矢理力任せにあの隙間に自分を入れようとしたら、襖が外れてしまうだろうに。
抵抗しようとしても全く無駄だった。
ついには掴まれた左足が襖に少し触れた。
どうなるんだ。
どうなる……。

目覚めると、自室にいた。

左足がベッドから不自然に落ちていて、フローリングに足の裏が付いている。

酷い夢を見て、とんでもない寝相になったらしい。

いかにも夢さながらに足を引っ張られた後のようなポーズだが、足首に手形が付いている訳でもなく、夢はやはり夢だったらしい。

どっと疲れを感じ、早まる鼓動が落ち着くとやっと再度の入眠に突入することができそうだった。

眠りに就くまでの間、幾らか夢を反芻した。

実家の襖はあんなに建て付けが悪くない。

だが、他の点に関しては随分リアルな様相だった。

慣れ親しんだ家なので、現実さながらだったとて当たり前といえば当たり前だが、

それにしても夢であそこまでの臨場感を覚えたのは初めてだ。

何だったのか、といっても夢はやはり夢だろう。

悪夢を見た。ただそれだけのことだ。

夢の日から数日後、母から電話があり、遠縁の親戚の訃報を告げられた。

母以外は会ったこともないほど馴染みがない親戚で、電話は娘に葬列への参加を乞う内容ではなく「その日は実家に母はいない」ということを告げるためだけのものだった。


葬儀が行われた後日、母と買い物に行くと「あんた、怖い話好きなんでしょ」と水を向けられた。

「あたし、通夜のときに変な話を聞いちゃったのよ」

「へえ。そんな話をあたしに聞かせようとするの珍しいね。お母さんもそういうの好きになったの」

「違うわよ。でも、こういうのって人に話したくなるものね」


大叔父さんが、こんな夢を見たのだそうだ。

〈彼は夢の中で仏間にいる。

彼は仏壇に足を向けるように座っていて、その視線の先にある仏壇をじっと見ていた。
ガ、ガタガタ。
はっと音のしたほうを見ると、仏壇の隣にある押し入れの襖が、建て付けが悪いのを無理矢理にこじ開けるようにガタガタと揺れている。

普段はすっと開く、その押し入れは、がた、がたたと、こじ開けるように音を立てて開いていき、そこからすっと、一本の腕が押し入れの下の段、その隙間から伸びてきた。

腕は、病的なほどガリガリに痩せている。

その腕はそのまますするすると伸びてきて、足首を掴んだかと思うと、そのまま物凄い力で自分の身体を引き摺っていく。

うわぁ、やめろやめろ。

抵抗するが、全くその力は緩まない。

腕はそのまま力任せに押し入れに身体を引きずり込んでいく。

押し入れに吸い込まれる！

そのまま力任せに腕は、彼を引きずり込んでいき、襖を力任せに破って、あっと思うと下半身までが押し入れの中に引きずり込まれた。

痛い！

その瞬間目を覚ました。

夢だったのか……。

しかし、その掴まれた足首には、何かで引っかかれたように傷だらけになっていた〉

（※山括弧内、「煙鳥メモ」ママ）


自分が見た夢と殆ど同じ話だった。

唯一違うのは足の傷の有無だ。

夢の話は殆ど会うことがない大叔父さんは勿論のこと、母にした覚えもない。

では何故、この筋書きが母の口からすらすらと出てくるのか。

胸にずっと引っかかっていたあの細い腕の存在感が、またリアルに思い出された。

きっと大叔父さんもあの夢のただならない雰囲気が忘れられず、母に話したのだろう。

ガガ、ガガ。

あの襖が震える音が現実に鳴っているように胸の中で響いた。

ガガガガガ。


母と買い物に行った日の一カ月後、大叔父さんの訃報を聞かされた。

死因に不審なものはなく、高齢者が老衰で亡くなったに等しいものだったが、否応なく夢のことを考えてしまう。

怪談話さながらのことが起きた。

これからもしかして自分の身にも、とまで想像してしまう。


大叔父さんの葬儀には家族総出で参加した。

葬儀の日は久しぶりに実家に泊まり、翌日、家で母と二人きりなると、朝から元気がなかった母が深刻な表情でこう言った。

「あの大叔父さんの夢さ、従妹も見たんだって。あたしが夢の話をしたら『それ、あたしも似た夢を見てる』って言い出して……」

「本当に？」

「嘘は……つかないでしょう」


〈その母の従妹は夢の中で茶の間で座っている。

茶の間には仏壇があり、そこへ足を投げ出して座っていた。

時計が目に入り、時間はだんだんと夕ご飯時に近づいていた。

だんだんと夕食の準備をしなければならない。

今日のおかずをどうしようか。

そう考えていると、仏壇の隣にある廊下へと続く襖が、

――がた、がたた、がた。

建て付けが悪い襖を無理矢理開けるようにガタガタと押し開けられていく。

腕一本ほど通るその暗い隙間から、病的な、皮と骨だけでできたような腕がぬっと部屋の中へ入ってきた。

あっと思うと腕がするすると伸びていき、その手はガッと足首を掴む。

冷たっ！

氷のような体温。

腕は、掴んだ足首を手放す様子はまるでない。

ずず、ずずず。

物凄い力でそのまま引き摺っていく。

えっえっ！

引かれる力に抵抗することができない。

ちょ、ちょっと！　何これ！

腕はそのまま、何の感情もないように引き摺っていく。

襖にぶつかる！

腕は力任せに彼女を襖の間に引きずり込んでいき、
バリバリバリ。
自分の足は襖を壊して部屋の外へ片足がすっぽりと引き込まれた。
そこで強烈な痛みを感じてはっと目を覚ました。
足に、まだ違和感がある。
氷のような冷たい腕に掴まれたその足首には、ひっかき傷が付いていた〉
（※「煙鳥メモ」ママ）

「何て言ったらいいのか分からないけど、大叔父さん、夢を見てから亡くなったでしょう。従妹もそうなったらどうしようかしら」

母が心配するのは無理もない展開だった。

自分も同じ夢を見たとは、到底言えそうもない。

「偶然だと良いんだけど……」

結局、母の従妹の訃報をその後聞くことはなかった。
自分に死が忍び寄っている気配も感じない。
だが、また似たような夢の話を親戚の一人から直接聞いた。

仏間で目覚める。
障子戸がガタガタと音を立てて僅かに開く。
あの腕。
捕らえられ、引っ張られる。
障子の向こうにいるモノの影が映っていないことに気が付く。
暗闇から異様な腕だけが伸びている。
抵抗するためにローテーブルの脚を掴むと、それ以上引っ張られない。
何故これほどの力に対してテーブルが微動だにしないのかは不明だ。
腕はそれでも尚のこと引っ張る。
足が千切れそうなほどの苦痛が押し寄せる。

痛い、痛い。

痛い！

痛い……！

そこで目が覚める。

足首に傷はない。

夢を見た者は全て母と血縁がある親戚ばかりだった。

亡くなったのは大叔父さんだけだが、ここまで共通項が多い夢を見ている事実があると、やはり何かの力を感じざるを得ない。

といっても、現時点で何がどうなってこうなったのか、心当たりがある者は身内の中に誰一人いない。

いかにも実話怪談らしい話だ、と思って終わるしかない。

鏡柱

一　起点Ａ

あれは二〇〇六年頃だったと思う。

当時大学生だった僕は、友人達と大学の近くの居酒屋で飲み会をした。しこたま飲んで、歩いて帰るのがあまりに面倒だった僕は、家が近かった友人とタクシーに乗ることにした。

大学生の身分だったが、アルバイトの給料日を迎えたばかりで財布には余裕があったのだ。

たまにはいいでしょ、と赤ら顔の僕らはタクシーに乗った。

運転手は「お兄ちゃん達飲み会帰り？　いいねぇ、〇〇大学かい？」と僕らの大学を言い当て、上機嫌だった。

そうだ、せっかくのチャンスだ。

話好きそうな運転手に早速話を振る。

「運転手さん、僕、怖い話が大好きなんですよ、さっきも僕らそんな話で盛り上がって、なぁ」

友人の顔を見ると「また始まった」と言わんばかりに僕のほうをあきれ顔で見ている。

この当時から怪談の収集をしていた僕は、酔った勢いと運転手の話好きそうな雰囲気と、好奇心のままにいつもの決まり文句を問いかけた。

「今までに、何か怖いこととか、不思議なものを見たことないですか？」

そうだなぁ、一回だけ。

そう言って運転手は語り出した。

彼が僕らぐらいの年齢の頃、友人何名かと肝試しに行こうという話になり、ある大型スーパーマーケットの廃墟に行った。

懐中電灯を手に、いざ入るとその中は荒れ果てていた。

壁は崩れ、ガラスは無造作に割られており、床に缶ビールや花火の残骸、たばこの吸い殻等が散乱している。

既に何人もの若者が肝試しやたまり場として使っている場所であった。

彼らは懐中電灯の明かりを頼りに床のゴミを踏みながら進み、懐中電灯をぐるりと辺りに回したときである。

ぴかっと光るものが前方に見えた。

——懐中電灯の明かりだ！　誰か、いる！

ここは過去、かなりの数の人が入っているスポットだ。

顔を合わせたらトラブルになりかねない。

彼らはしゃがみこんで身を隠そうとする。

しかし、しばらく息を潜めるが全く何の音も聞こえない。

どういうことだ、と立ち上がり、もう一度ライトを回した。

すると、光が見えた地点にライトを当てると再び光が見える。

何かが、自分が持っている懐中電灯の明かりを反射しているようだ。

近づいてみると、それは一本のコンクリート製の柱だった。

その柱はボロボロに崩れていて、その崩れたコンクリートの中から姿見サイズほどの大きな鏡が見えている。

これが懐中電灯の光を反射していたのだった。

何だ、鏡か。

そう思ったがすぐに異常さに気付いた。

今、柱が崩れているから自分達の目にはこうしてコンクリートの柱の中に鏡を埋め込んでいたことが分かるが、昔はそのまま店内の柱として機能し、誰も気が付かないまま柱の中に鏡が埋め込まれていたことになる。

一体、何の意味があってこんなことをする？

「あれは今考えても何だったんだろうなぁと思うよ」

そう運転手は話してくれた。

これは関東のとある田舎でのことだ。


この話を聞いた当時は不思議な話だな、とは思ったがこの話は何か怪異が現れる訳でも、大きな現象が起きている訳でもない。

友人は何と返したらいいか分からないような顔をしていて、この話は僕の記憶と怪談を記録したノートの底に沈んでいた。


怪談を収集していくと、ごくごく稀に巨大な何かの影が見え隠れするものにぶち当たることがある。

ただ恐ろしい怪異や現象というだけではなく、例えるならばもっともっと大きなものの鰭《ひれ》、もしくは尻尾のようなもの。

そんなものが一瞬だけ見えることがある。

運転手からこの話を聞いた数年後、僕はこの話の異常性に気付くことになり、配信やイベントを通じて日本中の人に聞いて回ることになる。

「柱の中に鏡を埋め込んだ、という話を聞いたことがありますか？」


怪談という点と点を結ぶ、その線上に浮かぶ巨大な影。

これは、僕の取材ノートに打つその始まりの黒点。

二　点B

二〇〇八年頃のことだと思う。

当時の僕は既にインターネット上で怪談を語る配信を始めていた。

現在では動画を生配信することが当たり前になっているが、当時はまだインターネットでの配信自体が出始めの頃で、怪談のネット配信は音声のみのラジオ形式が主流だった。

収集した怪談を語る配信が楽しくて、文系大学生の暇と無鉄砲をフルに活用して様々なところに顔を出しては怪談を聞き集めていた。

集めた怪談を仲間内で夜な夜な語り合い、インターネットでは配信で語り、また収集に駆け回る。

そんな怪談漬けの日々を送っていた頃だ。

僕らは当時、ある居酒屋の隣にある「ブルー」という廃スナックを根城にしていた。

ブルーはその居酒屋が管理しており、店主は気に入った客がいると来店時にブルーの鍵を貸してくれ、その廃スナックの中に居酒屋で注文した飲み物や食べ物を持ち込んで自由に使っていい。勿論貸し切りだ。

この居酒屋の店主に仲間の一人が妙に気に入られ、それ以来僕らが飲むときはこの廃スナックブルーを借りて、だらだらといつもここで酒を飲んでは怪談を語っていた。

今でもブルーの古びた錆色のペンダントライトの下に漂う紫煙と、味の薄い派手な色のチューハイや生ビールを、友人が語った怪談とともに思い出す。

そんなある日だった。

「そういえば、俺の後輩が一年のときに、サークル合宿で不思議なものを見たことがある、と聞いたな」

仲間の一人が言った。


後日、彼はその後輩をブルーに連れてきた。

活発そうな茶髪で日焼けしていた姿が印象に残っている。

彼は「別にお化けが出る訳じゃないですけど」。

そう前置きして語り出した。


俺が大学一年の頃の話なんです。

恒例の、夏のサークル合宿に行く時期になって、先輩達がいつも行っている旅館に連絡したんです。

ほら、サークルの合宿先っていつも同じだったりするじゃないですか。

例えば、映画サークルだったらプロジェクターを借りられる旅館だったり、軽音サークルだったらスタジオがくっついてるとことか。

そういう感じで、ウチのサークルもいつも泊まる先が決まってるんです。

ところが、時期がちょっと遅かったのかそこで予約が取れなかったんですよ。

それで、いつもの宿泊先と同じA県にある別の旅館を予約したんです。


旅館に着くと凄く古い、立派な歴史のありそうなたたずまいでした。

こぢんまり、というか雰囲気が落ち着いていて、いわゆる大人な、知る人ぞ知る隠れ宿ってこんな感じなのかなぁなんて思ったりしていました。

フロントで先輩が受付をして、それぞれ部屋に案内されていったんですけど、俺を含めた四人はみんなとは違う本館じゃないほうへ案内されたんです。

どんどん奥のほうに行って、建物を一回出た後にちっちゃい太鼓橋を渡って一室しかない離れまで行ったんです。

こちらです、なんて仲居さんに言われたんですけどそこが異様に広いんですよ。

部屋が左右対称みたいになってて、ライトも二つあって、入り口も二つあって。

明らかに二つの部屋を繋げて広い一室にしている感じなんです。

恐らく部屋と部屋の境目がここだろう、と分かるぐらいに対称で。

こんな広い部屋、俺達だけで使っていいの？　なんて得した気分だったんですけど、ちょっと気になったところがあったんです。

その部屋って部屋の周りにぐるっと廊下があって、カタカナのロの字みたいになってるんです。

全ての方向に縁側が付いてる、みたいなもんなのかな。

その四つの廊下の角の部分、ありますよね。

そこに、鏡が立てかけてあるんです。

ただ、それが壁に沿って付いているんじゃなくて、廊下の曲がり角を覆い隠すように、斜めになっている。

つまり、その鏡を見ると映り込みで廊下の曲がる先が見えるようになっている訳なんです。

そしてその先の曲がり角にも鏡が同じように付いてる訳ですよね。

だから、四枚の鏡で廊下が合わせ鏡になっているんですよ。

何だか、それに気付いたときちょっと気持ち悪かったです。

何でこんなことするんだろう、って。

そのあとみんなで飲み会だったんです。

その席で先輩に俺らの部屋が変だって話したら、先輩が何人か「面白そうだな」って言って見に来たんですよ。

先輩らはみんなすげえすげえって騒いで。

そんな中、一人の先輩がいるんですけど、その人が「あのさ、俺、誰にも言わなかったんだけど霊感みたいなものがあってさ」って突然言い出して。

みんなに馬鹿にされると思って今まで言わなかったんだけどって。

その、右側の柱が変だ、良くない。

そう言ったきり、気持ち悪いから帰るわって部屋を出てったんですよ。

他の先輩達もおいおい待てよって感じでみんな出てっちゃったんです。

ぽつんと、俺らだけ部屋に残って。


飲み会が終わって、それからも俺らは部屋で飲んでたんです。

そしたらだんだんみんな酔っぱらってきちゃって。

話題はやっぱり、その柱ですよ。

あの先輩、霊感あるとか言ってたけど本当かな、とかどうなんだろうねぇとかげらげら笑って、そのうちの一人がこの柱か、この柱が良くないのか！　なんて言いながら柱に近寄ったときに勢い余って柱にぶつかった。

そしたらぼろって。

柱の表面が、五百円玉大ぐらいの大きさで穴が開いたんです。

表面が取れちゃったっていうか。

みんなで「え?」ってなって。

その穴を一人、覗き込んだんです。

そしたら。

「鏡、鏡がはまってるよ！」って。

みんなビックリして柱に触ったら、柱にはパッと見で気付かないような覆いがしてあって、さっき欠けたのはその柱の覆いの一部、今度はそれがまるごと外れたんです。

そこに、姿見サイズの鏡が柱に埋め込まれてたんですよ。

みんな、何でこんなもんがあるのかビックリしたんですけど、旅館の物を壊しちゃったのは間違いないから仲居さんに言ったんです。

そしたら仲居さんはさっと顔色変えて「すぐに別の部屋を準備します」って凄い勢いで人が集まってきて荷物持ちだしたり、布団畳んだりしてあっという間に別の部屋が用意されたんです。

俺ら、唖然としちゃって。

次の日、俺らと入れ違いに偉い住職さんって感じのお坊さんが車から降りてきて、例の離れの部屋に入っていくのを見たんです。
別に、お化け見た訳じゃないんですけど、あれなんだったんだろうって。
訳分からない話なんですけど、こういう話でも、いいんですよね？

こんな話、僕は確かどこかで。

後日、僕は怪談好きな友人にこの話をしたところ、気になるところがある、と言われた。
「最初の人が鏡だと思ったのは、多分覗き込んだときに自分の目が映ったからだよね？　でも、普通五百円玉大ぐらいしか欠けてないところを覗き込んだならば、光が自分の後頭部で塞がれて真っ暗で何も見えないはず。だとすれば」

その人が見た〈目〉、誰の目だったの？

これは、ノートに打つ二つ目の黒点。

三　線分ＡＢ

二つ目の話を聞いたときにどこかで聞いたことがある、と頭の中で引っかかった。
確か、どこかでそんな話を。
聞き取りノートをひっくり返し、あのタクシー運転手から聞いた話を思い出した。
スーパーマーケットの廃墟。
崩れた柱の中に埋め込まれた鏡。
よく似ている。
起点となる話には怪異自体は何も登場しない。
ただ、奇妙なものを見ただけ、として僕らに語っていた。
これは偶然発見しただけであって、彼も意味など全く分からないままである。
これは関東でのとある田舎のことだとして話していた。

そして二つ目の後輩が話していた旅館での話。

旅館の柱に隠された鏡。

彼らも怪異自体は目撃してはいないと話していたが、後で指摘されたようにその部分については明らかに異常だ。

これは中部地方のある旅館のことだとして聞いている。

勿論、タクシー運転手と後輩には地域的な繋がりや、知り合いなどは全くない。

全く接点のない二人が、似たような状態の、人目には付かないように隠されて作られた異常な鏡と柱を目撃している。

これをどう考えるべきか。

僕はこの時点でも相当な量の怪談を見聞きしていた。

それでも、これらに類話として該当する怪談を聞いたことがまるでなかった。

また、類するような呪術の類も知らない。

ここから考えると、ある仮説が頭に浮かんでしまう。

目的も何も全く分からない。

しかし、僕らのあずかり知らないところで、かつ相当な広範囲でひっそりと妙な工事をしている、もしくはそれを指示している集団、教団のようなものが存在するのではないか。

もっと言えば、今、自分がいる部屋の柱の中にすら、鏡が埋め込まれていたとしてもおかしくないのではないか。


思いついたときは、あまりに荒唐無稽な話だ、と思った。

幾ら何でもそんなこと。

一体何のために、そしてそれは一体どんな集団だというのだ。

そんな話、実話怪談として本にも噂にも全く聞いたことがない。

しかし、この二つの話の妙な符合、そして点と点から浮かび上がる線にぞっとしていたのは事実だった。

だんだんと、この話の異常性に気付きだし、僕は積極的に「柱の中に鏡が埋め込まれたという話を聞いたことはありますか」とネット配信やリアルイベント、怪談好きに聞いて回っていた。

そんな矢先だった。とあるメッセージが届いた。

「煙鳥さん、関係あるかどうか分かりませんが、とある実話怪談本に気になる怪談が載っていますよ」

点、そして線はまだ続く。

四　点C

十年以上前のことになる。

僕はインターネットで怪談を語る配信だけではなく、実際に人を集めて怪談を語り合う怪談会を主催したり、開催されている怪談会に出入りするようになっていた。

今ほど怪談を愛好する人の界隈は大きくなく、他の怪談会で見たことのあるお客さんも多いので、自然と怪談愛好家達の知り合いもでき始めていた。

そのような場で「柱に埋め込まれた鏡」の話について情報を集めたが、聞いたことがない、と返されるだけで、めぼしい情報を得ることはできないでいたのだった。

そんなある日、僕のところに一通の連絡が来た。


「煙鳥さん、関係あるかどうか分かりませんが、とある怪談本に気になる怪談が載っていますよ」


その本とは竹書房怪談文庫から出版された『超怖い話Z《ゼータ》』だった。

怪談好き、ホラー好きならば誰もが知っている作家、平山夢明氏の著作である。

「裏鏡」と題された実話怪談だった。

怪談の詳細については、是非実際の本を手に取って読んでほしいが、そこに書かれていたのは柱ではないが壁の中に鏡が埋め込まれている、というものだった。

これは衝撃的だった。

やはり、似たようなことをしている何か、そして誰かがいるのではないか。

その目的も、集団の規模すらも分からないが、僕はその思いを強くしつつあった。

そこから数年の月日は流れ、僕はインターネットで収集した怪談を語る配信について、音声のみの配信から動画配信へと配信の媒体を変えた。

ライブドアねとらじから、ニコニコ生放送へ移籍することを決め、当時から仲の良かった仲間とともに立ち上げたのがニコニコ生放送コミュニティ「オカのじ」だった。

これ以降、僕はニコニコ生放送「オカのじ」コミュニティを拠点として活動を続けている。

僕はニコニコ生放送に活動を移してからも相変わらず「鏡柱」についての情報を配信や怪談会などで集め続けていた。

ある日、クラブでホステスをしているという女性から、体験した怪談について聞き取りをしていた。

その女性からの怪談を数話聞いた後だった。

「私、昔変な工事をしたことがあるっていう人を接待したことがある」

そう彼女は語り出した。


このお店に来るずっと前のお店でね、よく来るお客さんがいたの。その人は建築関係の人でね、詳しくは忘れちゃったけど小さな会社の社長さんみたいな感じだったのかなぁ。

建築関係の仕事の話を色々してくれたんだけど、勿論私は業界になんか詳しくないから頷くだけだったんだ。

その人がね「昔、柱の中に鏡を埋め込めっていう変な指示を上から受けて工事をしたことがある」って言ってたの。

へぇ、そんな工事に何の意味があるのって訊いたら「意味なんか分からない、ただ、そういうふうにやってくれって指示された」って言うの。

おまじないか何かなの、って訊いても「分からない。ただこういう変な工事をしたことがあるっていう話は、業界で少しだけ聞いたことがある」って。

その指示してきた上、っていうのは※※※※※って知ってるよね。

あのすっごい大きな会社、あそこなんだって。

もともとの発注先、っていうのかな、そこがその会社だったんだって。

そのお客さんは「その作業だけは限られた一部の人だけでこっそりやった」って言ってたな。

その人、不思議そうな顔をしながら「あの会社は、たまに変なんだ。妙な工事や作業を指示してくることがあるのに、詳しく教えてくれない」って言ってたよ。

凄いよね、あんなちゃんとした会社でそんな変なことしてるみたいだよ。

あなたはそういう不思議な話を聞き集めてるんでしょ。

そんな話、他にも聞いたことあるの？


文中にある※※※※※とは、とあるゼネコンの名前であるが、これについては伏す。

これは、ノートに打つ三つ目の黒点。

五　点D

以下は僕のところに届いたメッセージの内容を一部加工して、転載したものだ。

お疲れ様です。

二十数年前※※※※という名前だった会社の下請けでバイトをしたときですが、※※※※の床のタイルの下に鏡を敷き詰めてからタイルを張る作業をしたことがあります。

配管の出るギリギリの二十センチ弱までコンクリートを削って、そこを完全に水平出しをして九十×百八十センチの裏に彫刻のしてある（多分魔鏡）を敷いて、その上にコンクリートを流し込んでまた水平にして、タイルを張りました。その作業の前に作業に直接関わる者と、作業を見ることになる者は御祓いを受けました。

神道系の儀礼、儀式だとは思うのですが、オカルトマニアの僕でも見たことのない御祓いでした。

鏡を設置する作業からタイルを張り終わるまでずっと神主さんのような人が祝詞のようなものを読んでいました。

その場所は※※※側出入り口から入って、※※※※のコーナーの床です。

その日の前後一カ月間くらいは、地下階の食料品売り場のタイルの張り替えを普通にやるバイトでした。

何をしたのか※※※※の担当社員に訊いても、「おまじないみたいなものかな」としか教えてくれませんでした。

そのあとそういうことに強い大学だったので、教授陣に訊いたり図書館で調べたりしたんですけど、古墳に埋葬する鏡の話と、女性絡みの恨みを鎮めるために似たような儀式があるということまでしか分かりませんでした。

ただ、その日のバイト代は、壊れものの鏡を扱ったからという理由で、倍額貰いました。

三年くらいは他言無用とのことでしたが、もう二十年以上経っているので問題ないと思います。

文中にある※の箇所については、実際のメッセージには会社名、施設名等が明示されていた箇所であり、これについては伏すが、読んでいる方の多くが利用したことがあるのではないかと思われるほどの、大きな施設であることは書き残す。

これは、ノートに打つ四つ目の黒点。

六　半直線ＡＤ

クラブのホステスから聞いた「柱に鏡を埋め込む工事をした男性」の話は驚いた。まさか、工事をした側からの話を間接的にとはいえ耳にするとは思いもしなかった。

今までの点となる怪談は全て「発見者」達からの視点だ。

この男性の話を考えると、その会社は日常的に「妙な工事や作業」を発注しているように感じ、また男性の話しぶりから察するに、彼も意図が分からないまま日常的に工事を進めているさまが想像できる。

恐らく今も尚その「妙な工事や作業」は日本のあちこちで続いているのだろう。

僕のところに届いた「鏡を床に埋め込む工事をした男性」のメッセージから、幾つか考えられることがある。

その施設は多数の人が利用することになるであろうことは、工事の段階から既に分かるような場所だ。

その床に鏡を埋め込むとどうなるかというと、多くの人が気付かぬままその鏡の上を踏んでいくことになることも、間違いなく施工サイドは容易に予想できている。

むしろ、恐らくはそれを狙っている。

実は〝踏む〟という行為は呪術的に意味のある行為だ。

これを読んでいる方は明王などの仏が悪鬼や化け物をその足で踏み付けている像を見たことはないだろうか。

それは踏む、という行為には調伏の意味があるからである。

その者を打破する、意のままに従わせる。だから足の下に置いているのだ。

また、相撲のときにする四股踏みも同様の意味で、聖なる場所である土俵を強く踏み付けることで、悪いものを調伏する儀式だ。

しかし、視点を変えると踏まれた側はどうなるだろうか。

相手が圧倒的な力を持つ者ならば、素直に従うしかないかもしれない。

しかし、踏み付けられた恨みの気持ちまで収まるだろうか。

まるでこれを利用するかのような呪術が富山県にある。


人形神《ひんながみ》という信仰を御存知だろうか。

富山県の礪波《となみ》地方に伝わる人形を使った呪術であり、この人形を作り上げて祀るとどんな願い事でも叶い、欲しいものがすぐに手に入る。

どんどんと家も裕福になるが、一度でも祀ると強力に取り憑き、決して作り主から離れることもなく、作り主が死ぬときには大いに苦しむという。

その後も人形神は憑きまとい、作り手は必ず地獄に落ちると伝えられている。

この人形神の作り方の一つが、七つの村の墓地の土に人の血を混ぜ捏ねて形にし、人の良く通るところに置いて千人の人に踏ませると伝えられている。

まるで、多くの人に踏ませて人間に調伏させるとともに、その自らを踏んでいったことにより溜まった人間への恨みの力すらも呪術に利用しているようだ。


併せて考えると、鏡を踏ませる行為は、このどちらとも考えられるように感じる。

鏡に憑いた悪いものを調伏するための行為なのか、それとも鏡に込められた何がしかの念を強めるための行為なのか。


また、彼らが床に埋めたという「魔鏡」とは、鏡面に凹凸を付ける特殊な加工をした鏡のことで、光を反射させると特定の文字や絵柄が浮かび上がるものだ。

その歴史は古く、紀元前一世紀頃には既に中国で作られている。

日本においては古墳時代の三角縁神獣鏡という青銅鏡が魔鏡であることが確認され、かつては隠れキリシタン達が幕府の目を隠れて信仰するために、十字架やマリア像が浮かび上がる魔鏡を作り、ひっそりと信仰していた。

どちらにせよ、埋めた鏡が「古い魔鏡」のようだったということから考えれば、それは「何かが映るよう込められている」。

僕は踏ませるという行為から悪鬼、もしくは魔物の姿が込められているのではないかと考えるが、もっと恐ろしい、おぞましい何かが浮かび上がるのではないかとも想像してしまう。

何より恐ろしいのは、多くの人が全く気付かぬまま、今なお魔鏡の上を歩かされていることである。

一体、何をしようと、させようとしているのだろうか。

この二つの〝点〟について、共通していることがある。

それは、柱に埋め込む工事を指示してきた発注元と、鏡を床に埋め込む工事をした会社は、何と一致している。

勿論、僕はこの会社がどこであるかについては一切口外していない。

それにも拘らず、だ。

一連のキッカケとなるタクシー運転手が「若い頃に見た廃墟の崩れた柱から見えた鏡」の話から既にこの時点で十数年が経っていた。

二つ目の点となる大学生が見た旅館の柱のときに考えたことだ。


目的も何も全く分からない。

しかし、僕らのあずかり知らないところで、かつ相当な広範囲でひっそりと妙な工事をしている、もしくはそれを指示している集団、教団のようなものが存在するのではないか。

もっと言えば、今、自分がいる部屋の柱の中にすら、鏡が埋め込まれていたとしてもおかしくないのではないか。


この答えが、見え隠れしている。

妙な工事をしている会社は前にも書いた通り、ゼネコンに類する会社、そして柱を床に埋めた施設とは多数の人が今も利用している場所だ。

変わらず、この工事の目的は分からない。

類するような呪術もいまだに見つからない。

ただ、怪談という点と点の上に浮かび上がる何かが見え隠れするばかりだ。

これからもきっと点、そして直線は続いていく。僕のノートには点が増えていく。

その点と点を繋ぐ線上に、巨大な影をちらつかせながら。

ぽろり

「当時はとにかく凄かったからね」

バブル時代にタクシー運転手をしていた高橋さんは、そう振り返る。

何しろ需要に供給が追い付いていなかった。金曜夜の繁華街ではタクシー停車場に大行列。流しの車を捕まえることなど不可能に近い。そして客のほうも金が余っているので、何とかタクシーを捕まえようとエスカレートしていく。束にした一万円札を扇子のように振りかざし、規定以上の金を出すことで停車させようとしていた……そんな時代だ。

煙鳥君も私も映像でしか知らない情報だが、高橋さんにとってはウンザリするほど見慣れた光景だったようだ。

その夜も、都心で同じことをしているカップルに出くわした。

車道に上半身を乗り出した男が、一万円札を一枚、ひらひらとこちらに見せつけている。札束でない分景気が悪いが、まあ近場ということを意味しているのだろう。たまたま空車になったタイミングなので、高橋さんは男の前で停車した。

よく見れば、かなりのハンサムである。芸能人にいたかしら、と記憶を巡らせたほどだ。いずれにせよ、その服装や身のこなしからして華やかな職業に就いているのは間違いない。

男に続いて乗ってきたのも、また驚くほどの美女だった。ソバージュの髪に高価そうなボディコンドレスを着こなし、ブランド物のハンドバッグを手にしている。

もう片方の手を助手席のヘッドレストに掛けて乗り込んできたのだが、その爪に塗られた真っ赤なマニキュアが印象的だった。鮮やかな赤い光沢が、車内の薄闇にくっきり浮かび上がったことを今でも覚えている。

「運転手さん、これでお釣り要らないから」

告げられた住所は、確かに五千円を超える程度の距離だった。男はあらかじめ一万円札を料金台のところに置いて、

「俺は途中で降りるんで。方向一緒だから、ちょっとだけ俺んち寄ってね」

おやおや、こんなマブい女をお持ち帰りする気ないのか。まあ何をしている二人か知らないが、仕事上の付き合いってだけなのかもしれないしな。

男は宣言通り、街道沿いの高級マンション前で車を停めさせた。

「○○ちゃん、バイバイ」

女の名前は聞き取れなかったが、トレンディドラマのごとくスマートで爽やかな別れを告げ、男はマンションへと入っていった。

「じゃあ、私の家はここをまっすぐ行って……」

女の指示通りに車を走らせながら、バックミラーにちらちらと目をやる。先ほどまでは男がいた手前あまり凝視できなかったが、やはり相当な美女である。二人ともトップ芸能人レベルなので、世間に露出していたら顔を見知らぬはずがない。そうでないのなら、こんな美男美女が一体どんな仕事をしていることやら。

……この東京には、自分の知らない華やかな世界がまだまだ沢山あるんだろうなあ……。

「ここで停めてください」

女の声で、咄嗟《とっさ》にブレーキを踏んだ。ウインドウの外に目をやったところで、高橋さんは思わず声を漏らした。

「え、ここですか？」

目の前にあるのは、二階建ての木造ボロアパートだった。当時でもよほどの貧乏学生でなければ住まないような風情だ。

いやいやそうか、と高橋さんは考え直した。こちらに住所を知られないため、わざと離れた場所で降りたのだな。これほどの美人だと色々気を付けなければいけないから大変だなあ。

しかし女はタクシーを降りると、まっすぐアパートのほうへ向かっていった。そのまま一階角の部屋の玄関を開けて中に入ると、窓ガラスの向こうに明かりが点いた。

「……まあ世の中、色々な人がいるか……」

絶世の美女なのに凄く貧乏なんていう人間がいるのも、また東京なのだろう。そう思いつつバックミラーに目をやったところで、後部座席に異物が見えた。

バッグである。先ほどの女が持っていた高級ハンドバッグが、シートの上に置かれている。

「おっと、出る前に気付いて良かった」

忘れ物を届けようと、高橋さんは車を降りて一階角の部屋へ向かった。

しかし数歩近づいたところで、足が止まる。

窓ガラスの光の中に、女のシルエットが浮かび上がっていた。それが今正に、服を脱ごうとしているところだったのだ。

ぴったりしたドレスの、横に付いたファスナーを下げる仕草。身体をくねらせながら、それを腰から足元へずり下げる動作。

まだ三十代の高橋さんからすれば、シルエットだけでも眼福きわまりない。

着替えるのを待たなければドアも開けられないし……との弁解を自分に言い聞かせ、うっとり窓の向こうのショーに見入っていたのだが。

――ぽろり――。

何の前触れもなく、それは落ちた。

首が。ぽろりと。下に。

「へ？」

しかし頭部のなくなった影は、何事もなく着替えを続けている。ティーシャツらしき服を頭から、というか肩から着込むと、怪獣ジャミラのごとき影が奥へと引っ込んでいった。

……目、疲れてんだな……。

もうちょっと休まないといかんなと思いながら、女の部屋の玄関をノックした。雑に嵌《は》めこまれた木の扉がボゴボゴと歪んだ音を立てる。

「すいませーん、先ほどのタクシーのものですが」

すると玄関の向こうで激しい足音が響いた。続いて、何かが倒れる音も幾つか。まるで突然の訪問者に慌てふためき、何かを隠しているかのような物音だった。

一分ほど待っただろうか。ガチャリ、とノブが回り、ドアが少しだけ開かれた。「あの、忘れ物を……」と言いかけたところで、隙間から顔面がぬうっと飛び出してきた。

四十歳は過ぎているであろう、ひげ面の中年男だった。

「え？　あれ？」

まさかもう一人いたとは。高橋さんは思わず首を伸ばし、ドアの隙間から部屋を覗き込んだ。狭い1Kの全貌が見えた訳ではないが、とりあえず誰かがいる気配はない。

「あ、すいません。この部屋、女の人いますよね？　さっき私のタクシーに乗ってて、ここに帰ってきたはずですが……」

しどろもどろに説明するのだが、男は聞いているのかいないのか。ずっと下を向いてブツブツブツブツ、何やら口の中で呟いている。

「あの、これ忘れていったんで、届けにきたんですが……」

しかし男はやはり目線も上げず、何やら言い訳じみたニュアンスの文言を、聞き取れないまま口ごもるばかり。

「いや……これですよ、これ、これ」

流石に埒《らち》が明かないと、ブランドのロゴがはっきり見えるほどに、バッグを男の鼻先へ掲げたところ。

「……そぇおんのどぅから……」

「え？　はい？」

と、男がいきなり片手を伸ばし、バッグの端を掴んできて、

「それ、俺のだから！」

野太い声で叫び、強引にバッグを取り上げると、逃げるように玄関の奥へと引っ込んだ。

ドア枠がひしゃげるのではないかという程のけたたましい音とともに、木の扉が閉じられた。

あとには、茫然とした高橋さんがとり残された。

無精ひげだらけの顔面は勿論、声も体格も年齢も、何ひとつあの美女と男とに共通するところはなかった。

だから常識の範囲で想像するなら、美女は部屋の奥か押し入れに――理由は知らないが――息を潜めて隠れていた、と考えるしかない。

ただどうしても引っかかるのは二つの点だ。

一つは、あの首がぽろりと取れたシルエットが何を意味しているのか。

もう一つは、バッグをひっつかんできた男の手。

ところどころ毛が生えた、黒く汚いあの手。
しかしその五枚の爪には全て、真っ赤なマニキュアが塗られていた。
木造アパート前の薄闇で、赤い五つの爪が鮮やかな光沢を放っていたのだ。

小田急線沿い

小田急線沿いに住んでいたので、小田君とでも呼んでおこうか。

大学進学で上京し、一人暮らしを始めた小田君。川崎市でも多摩川寄りのアパートを借りていたので、下北沢や町田に遊びに行くことが多かったのだという。

「どこの大学かまでは聞きませんでしたが、僕の後輩の可能性が高いんじゃないかと思ってます。新宿じゃなくてわざわざ町田のほうに行くってことは、まあ大学があそこであの辺のアパートに住んでるんじゃないかな……と」

ともかく、小田君の行動範囲が小田急線沿いであったことは間違いない。

ただそれにしても、おかしいのだ。

大学生活にも慣れたあたりから、小田君はとある奇妙な状況に気が付き始めた。

自分の姿が、あまりにも小田急沿線で〝見かけられすぎている〟のだ。

「お前、彼女いるの？」

最初のキッカケは、大学の友達にそう訊ねられたことだった。

「昨日、シモキタで女の子と遊んでいるところ見かけちゃった。デート中だと思って声は掛けなかったけどさ」

いつ彼女できたんだよ、すぐ言えよ水くせえなあ。

にやにや笑いながら指さしてくる友人に対し、小田君は怪訝な顔しか向けられなかった。

「いや、彼女なんていねえし。大体昨日はずっと家にいたし」

若者でごった返す下北沢なら、自分に似た奴の一人くらい歩いているだろう。他人の空似で勘違いしているだけだろう。

「嘘つくなって」

しかし友人は思いのほか、頑固に主張を曲げなかった。

「ほら、お前がいっつも着ているあのポロシャツ。あれ昨日も着てただろ。こっそり近寄ってみたから間違いないって」

しかし嘘ではないのだ。昨日は本当にずっと寝転びながらスマホをいじっていただけで、どこにも出かけていない。そのポロシャツだって着ていない。

「いやまあ、紹介したくないなら別にいいから、正直に言えばいいのに……」

結局、友人はこちらの言い分を信じてくれなかった。

となるとそれは、他人の空似というには似すぎている人物だったのだろう。顔かたちも背格好も服の趣味も、よほど自分とそっくりな男だったのかもしれない。

これをキッカケに、小田君の目撃談はどんどん頻出していくようになった。

「九日の月曜、新百合ヶ丘で映画観てたよね？」

端っこの席に小田君がいたの見えたけど、何かタイミングなくて声掛けらんなくてさ。小田君、全然こっちに気付いてなかったっしょー。

違う。その日はサークル仲間とカラオケに行っている。

しかし確かなアリバイがあるにも拘らず、相手はすぐに納得してくれない。

こちらが強く主張したことで渋々折れて「じゃあ違うってことでいいよ」と話を終わらせるだけだ。

そしてまた少し経つと、小田急線のどこかの駅で、自分を見かけたと知人から告げられてしまうのである。そんなケースが何度も何度も続いた。

これはもう現実的に考えて、一つの可能性しかない。

俺とあまりにもそっくりな男子大学生が実際にいるのだ。そしてそいつは小田急線沿線に住んでいるのだ。何たる偶然か、見た目だけでなく年代も行動範囲もほぼ同じ奴が、小田急線のどこかで一人暮らしをしているのだ、と。

となると俺も、近いうちにそいつに会うことになるかもなあ……。

小田君は、そんな予感を抱いていたそうだ。


そうこうするうち、年末の帰省シーズンとなった。

秋田県の実家に戻った小田君は、東京での近況報告として、例のそっくりさんについて両親に説明する流れとなった。

……俺とすっごく似てる人が、同じ小田急線沿いに住んでるらしくて。どんだけ似てるかっていうと、友達から〝お前見たよ〟って週に一回は言われるほど。もしかしたらこの帰省中も誰かがそいつを見かけてるかもなあ。まあでも今回は流石に秋田にいるんだから、俺じゃないってことは皆も納得してくれるはず……。

と、そこまで語ったところで。

ゴホンッ！

大きな咳払いが、リビングの隣の部屋から響いてきた。

小田君は、それ以上声を出せなくなった。

その咳払いは、こちらを咎《とが》めるような、注意を促すようなニュアンスを含むものだったからだ。

「静かにしなさい」「その話は止めなさい」と暗に示すとき、人がするような咳払いだったからだ。

そして理由がもう一つ。

隣は小田君が使っていた自室で、咳払いの声は小田君にそっくりだったからだ。

自分が他人に注意するときの咳払いに、似すぎるほど似ていたからだ。

「え、今、隣でなんか……」

そう訊ねながら前を向いたが、父も母も何を言っているのか分からないといった表情を浮かべている。

小田君は、恐る恐る自分の部屋のドアノブを回してみた。

上京後、物置として使用されているその部屋には、誰の姿も見当たらなかった。


年が明け、小田君は東京に戻り、二年目の大学生活が始まった。

すると何故だろう。

あれほど頻繁に発生していた小田君そっくりの人物の目撃情報が、ぱたりと途切れてしまった。

以降、友人知人の誰一人として、「お前をあそこで見かけたよ」と告げてくることはなくなったのである。

すいかみさま

心音さんの父は農機のメンテナンスを生業《なりわい》としていて、四季折々の食べ物をお得意さんから貰ってくる。

米も野菜も嬉しいのだが、何と言っても夏の西瓜《すいか》が別格。

実家の周辺の畑では糖度の高いブランド西瓜が作られていて、これが何度食べても甘さと酸味、香りのバランスが絶妙で、べらぼうに美味い。

そして、〈西瓜〉といえば。

「特別な西瓜なんだよ」

「これが？」

その日、父が持ってきた西瓜は見た感じ何の変哲もない小玉だった。

「そうそう。この西瓜はなあ、神様が作ったんだぞ」

父の話によると、「西瓜の神様」と呼ばれる農家のおじさんがいて、物凄く糖度の高い西瓜を作っているとのことだった。

業界では有名らしく、「神様の作った西瓜じゃないと食べない」とする西瓜好きもいるとのこと。

「これはなかなか手に入らないんだからな。そんな貴重なものを貰えた訳だ」

「へえ……」

とだけ応えて改めてその小玉をまじまじと見つめてみるも、父の異常に興奮した様子に興が冷めたこともあり、至って普通の小さな西瓜に見える。

「まあ、食べたら美味しいんだろね……」

「何だお前、リアクションが薄いな……神様は西瓜の声が聞こえるんだぞ。さっき、神様から直接栽培のコツを聞いてきたんだ」

――そろそろ水が欲しいよう。

――肥料が足りないよ。もっとちょうだいよ。

神様はそんな西瓜の要望に応えて栽培を進めているのだそうだ。

勿論、心音さんはこのエピソードをどう聞いていいのか分からず困惑した。

「食べりゃ分かる。食べりゃ」

父が率先して切り分けたその西瓜を、心音さんは恐る恐る頬張った。


美味い！

これほど美味いものがあるのか！

かつて味わったことのない糖度だ！


嘘臭く聞こえた神様の業が百八十度反転し、絶対に本当だ、西瓜の声でも聞かない限りこんなに美味しい西瓜を作れる訳がない、という完全な真実に変わった。

そうして幸か不幸か、心音さんは神様の西瓜以外はどうにも不味く感じられるようになった。西瓜の神様は今もその地域で栽培を続けているそうだ。

何だこの話は。

奪衣婆

十年以上も前の話。

日本中でぼったくりバーが乱立し、社会問題化した頃の出来事だという。

ビール一杯で莫大な金額を要求される。払えないとなると店の裏からスタッフの黒服が出てきて、さんざんに恫喝される。あるいは袋叩きに暴行されてしまう……。

どこまで事実か不明だが、当時よくそんなエピソードが言及されていたことは、私も煙鳥君も覚えている。

札幌の繁華街ススキノに出入りしていた佐野さんは、少なくとも「黒服達に店を叩き出される人」を、しばしば目撃していたらしい。ああ、またぼったくりバーのトラブルが発生したのだなあ、と横目に通り過ぎることは日常茶飯事だったのだとか。

ただ、その夜の騒動は度を超していた。

「金ねえなら呑むなあ!」

ススキノの一角に怒号が響いて、佐野さんは思わず顔を上げた。

細長い裏路地を抜けようとしていた途中である。見れば、ぎっしり居並ぶ小さなビルの隙間から、しょぼくれた中年男が出てくるところだった。それも地面の上をふわりと浮き上がりながら。

ただし男が超能力で空中浮揚している訳でないことは、一秒後に判明した。中年男の襟首を掴んで持ち上げている男が、続けて登場したからだ。

上下に黒のスーツを着た、とにかく頑強な男だった。スーツ越しにも隆起した筋肉が見て取れるし、何より身長が二メートル近くある。

黒服は中年男を襟から振り回し、フライングディスクで遊ぶがごとく軽々と投げ飛ばした。

路上に落ちた中年男はその勢いのまま一回転し、路上に這いつくばってしまった。

おいおい、何事だよ。

思わず駆け寄ろうとした佐野さんだったが、地面に顔を付けた中年男の声に足を止めた。

「すいません！　すいません！　すいません！」

暴行を加えられた側からの必死の謝罪。

黒服は何ひとつ悪びれない顔で、それを見下ろしている。

……このおじさん……ぼったくりに騙されたにせよ、かなり調子に乗っちゃったんだろうな……。

ともかく関わり合いになりたくないシチュエーションである。

しかしこの狭い路地、通り過ぎようとすればどうしても彼らの近くを抜けることになってしまう。

どうしたものかと立ち止まり、遠巻きに様子を眺めていたのだが。

「おめえら！」

突然、黒服がかけ声を上げた。一瞬、自分に向けられたのかと思ったが、そうではないようだ。

黒服は後ろに顔を振り向けて、今しがた抜けてきたビルの隙間へと目線を投げている。

「おめえら！」

二度目のかけ声とともに、老婆が飛び出してきた。それも一人ではない。二人、三人、四人。皺《しわ》くちゃで白髪まみれの女達が続々と、駆け足で現れたのだ。

老婆達はそのまま中年男に群がると、ニコニコ笑いながら服を脱がしていった。シャツを剥ぎ、ベルトを抜いてズボンを引き、靴下を外す。ついにトランクスの下着までをも四人で掴み、ずるずると両足から脱がしていったのである。

「おめえら行くぞ！」

全裸となって転がる中年男を残し、彼の服を抱えた老婆達、黒服男らはもと来た隙間へと引っ込んでしまった。

「だ……」

しばらく唖然としていた佐野さんだったが、彼らの気配がすっかり消えたところで、前のほうへと駆け寄った。

「大丈夫ですか？」

するとと中年男は笑いながら顔を上げて、

「いやいや、本当に酷い目に遭いました」

と全裸を隠そうともせず立ち上がる。

「いや、あの、大変でしたね」

「いやいや、大丈夫です」

「ぼったくりバーですか？」

「いやいや、知りません」

「知りませんって……」

それにしても乱暴なことする店ですね、と後ろを振り向いたところ。

そこには、何の店もなかった。

どころか建物すら存在していなかった。

そこはただのビルとビルの隙間、ゴミ箱すら置けないような狭い空間。

しかも向こう側のビルの裏壁がすぐそこに見えている、完全な袋小路だった。

……えっ？

首を振り戻すと、目の前にいたはずの全裸男の姿も忽然《こつぜん》と消え去っていた。

あとはもう、薄暗く細長いススキノの裏道が、まっすぐ向こうへ延びているだけ。
まるで賽の河原のように。

絡まり

真山君が「引っ越した先の家」で暮らし始めてから、「しばらく経った頃」の話だそうだ。

顔が近くにある。
就寝時、電気を消すとその感覚を覚える。
改めて電気を点けても当然、誰もいない。
また電気を消すと、やはり顔が近くにあるような気がする。
微かな湿気を伝う、人の熱と吐息を間近に感じる。
しかし、いない。
暗闇で手を払ってみても空を切る。
やはり、いないのだ。

当初、見えざる顔の気配は一週間に一度あるかないかのものだった。

しかし、それが週に二度、三度と増えていき、終いには毎日感じるようになった。

ああ。まただ。

堪らない嫌気にまた手を払う。

すると、その日は何かに触れた。

慌てて蛍光灯を点けると、指には長い髪の毛が絡み付いていた。

一本の金髪。

自分のものではない。

ゴミ箱に捨てて、眠る。

以来、反射的に手を払うたびに金髪が絡み付くようになったので、そうするのは止めた。

漫画を買いに古本屋に赴いたある日、店内に入るなり行動を制御できなくなった。

目当ての漫画コーナーに足が向かず、文庫本の棚にずんずんと進んでいく。

何故か（そうするのが正しい）と思っている自分がいるが、（おかしい）と思っている自分もいる。

棚に手を伸ばし、おもむろに一冊の本を手に取る。

この時点で、何の本を掴んだのかも分かっていない。

そのままレジへ。

会計を済ませて店外に出た瞬間、ようやく自分のハンドルを取り戻せた。

さっきまでの自分に怯える真山君のカバンには、依然としてタイトルが分からないままの文庫本が一冊。

だが、それがそこにあるという認識は、先ほどの自分ではない自分の意識とともに薄くなり、どういう訳か達成感だけがある。


数日後、ふと文庫本のことを思い出してカバンから取り出した。

タイトルを確認したが有名作ではないようで、そもそも小説に明るくない真山君は「聞いたことない」という程度の感想しか残っていない。

何となくパラパラと開くと、挟まっていた一枚の写真が床に落ちた。

写真の中では、金髪のギャルがピースをしていた。

見たことのない女だが、〈金髪〉と望まざる縁を結んでしまっている真山君は、あの古本屋での自らの奇行も鑑みて、とても具合が悪い写真に思えた。


本も写真も燃やした。

すると燃やした日の晩からあの近くにいる感覚はすっかりなくなった。

金髪が絡まることもない。


煙鳥メモには、真山君の「何だか、いつかその女と出会う気がして。見えない糸や繋がりみたいなもので引っ張られてる気がしてる」という言葉が添えられているが、何故そのように思うのかに関しては、一切記されていない。

今、あの金髪は彼のどこに絡み付いているのだろうか。

るるぶ

大おじさんの葬儀に出ることになったんだ。

面識は殆どない。県外に住んでいるので会ったこともない。父方の祖父の兄弟ということしか知らない。祖父より上か下か、つまり大伯父なのか大叔父なのかも分からない。

うちら家族に限らず、親戚付き合いを殆どしていなかった人らしい。ただ父親は流石に甥っ子だから、辛うじて会った記憶くらいはあるみたいだけど。

いやだから、そもそも本来、父が参列するのが筋なはずなのよ。

でも何故か、俺がお葬式に行くはめになっちゃった。

理由は簡単。父の椎間板ヘルニアの手術とかちあってしまったから。手術延期もできたのかもしれないけど、こちら新潟から大おじさんの石川県まで、腰を抱えて移動させるのは確かに酷ではある。いやでもさ、こっちはそうやって気を遣っているのに、父親は父親で悪びれもせず。

「本家の長男なんだから、お前が行ってこい」

出た、本家の長男。そのメリットを俺が享受できたことは一度もないのに、都合のいいときに使用される概念。

まあ仕方ない。ともかく石川までの小旅行だ。電車の乗り継ぎが面倒臭そうなので、車で移動することにしよう。北陸自動車道が全線開通したことだし、ドライブを楽しみたい気持ちも多少ある。

会社は忌引で三日間休ませてもらった。通夜だの火葬場だの、お葬式の全行程に出る気はない。礼儀として、葬儀にさえ顔を出せば許されるだろう。移動時間を差し引いても丸一日は余る。そこで金沢あたりを観光したいよね。ちょっと不謹慎かな。でも大おじさんには何の思い入れもないしなあ。

うん、こうなってくると、だんだん楽しみにすらなってきたな。

では出発進行！　といきたいが、その前に色々と準備する必要がある。

インターネットやら携帯電話やら便利なものが広まったのは、今よりもう少し後の時代。カーナビは既に出ているけど俺の車には付いていない。

地図と情報誌とを駆使して、自力で旅を組み立てていかなきゃならないんだな。まあこれはこれで楽しいものだけどね。

「スーパーマップル」の北陸道路地図を助手席に置いて、宿については「るるぶ」をめくって探していく。

斎場からアクセスの良いホテルを見つけた。何ということのないビジネスホテルだけれど、これで十分。電話してみると、観光シーズンではないせいか簡単に予約が取れた。ボールペンでぐりぐりと情報欄を囲み、るるぶのページの角を折る。

こうして石川へ旅立ったのだが、大おじさんの葬式については説明を省く。全く以て普通だった、としか言いようがないしね。

それよりも、夜に宿泊したホテルだよ。

ビジネスホテルならではの、簡素で何の変哲もない部屋だった。

でも、変なんだ。

物凄く視線を感じるんだ。

生まれて初めての感覚だった。とにかく誰かにジロジロ見られている気がしてならない。しかも視線の出どころが、正確に分かるんだよ。

テレビの脇。今見ているブラウン管のテレビ、その台のすぐ横に人がいる。

いや、それが見えてる訳じゃない。でもとにかく「見られている」感覚が濃すぎるんだ。だからどの位置のどの高さから視線が飛んでくるのか、感じ取れてしまうんだ。

はっきり見えていたほうがまだマシだよ。どうにも収まりが付かないけど、何も見えていないのに部屋を飛び出すのはおかしい。気のせいだと自分に言い聞かせて、とにかくテレビ画面だけを見つめた。

でもその脇の気配はずっと消えやしない。もうテレビのほうに顔を向けるのも嫌になったんで、

「ああ、さっさと寝よう、寝よ寝よ」

独り言を呟きながらテレビ消して明かりも暗くして、ベッドに寝転んで毛布をかぶったんだ。

そしたらさ、動くんだよ。

気配がどんどん近づいてくるんだよ。テレビのほうから、こちらに向かって。

これも見えないんだよ。豆球点けてるから真っ暗じゃないんだけど、何も視界に映ってはいない。

でも、分かるんだ。ついにはベッドのすぐ横に立って、俺の顔をじっと覗き込んできた。分かるんだよ、何故か、はっきり。

「もう無理だ！　無理！　無理！」

わざと大声で叫びながら、部屋の外に飛び出した。咄嗟に車のキーだけ掴んでね。

そのままフロントまで行ったけど誰もいない。夜遅いからスタッフルームで寝てるんだろう。この時代の安ホテルなんてそんな調子だからね。

仕方ないから、駐車場の車で寝たよ。三時間だけ睡眠取って、朝日が昇ったところで部屋に荷物を取りに戻った。そのときには変な気配はしなかったかな。チェックアウトも済ませちゃって逃げるように出発した。

まあ後は気を取り直して、金沢あたりをぶらついたりして新潟に戻ったんだけどさ。

家に帰ってから、気になったんだよね。あのホテルは一体なんだったんだろう、幽霊ホテルとして有名なところなのかな、と。

そういえばホテルの名前もすっかり忘れちゃったので、もう一度確認するため、るるぶを手に取った。

角を折ったページを開いて、黒丸で囲ったところを探したんだけど。

ないんだ。例のホテルの欄が。全く違う旅館の情報にすり替わっている。別のページを折ってしまったのかと、一冊まるまる目を皿にしてチェックした。

でもやっぱり、あのホテルはどこにも載っていなかった。

インターネットも携帯電話もないからね。名前やら電話番号やらを忘れてしまった以上、もう調べる術がない。

もう一度、石川県に出向いて、記憶を頼りにあのホテルを探してみるという手もあるけど……。

絶対にもう辿り着けないいんじゃないかなあ。

何だか俺、そう思うよ。

瞼の男

京子は突如自分の身に起きた異変を、初めのうちは気のせいで済ませるようにしていた。

大体、殆どのことは気のせいで済む。

気配があろうが、夜、視線が届かないほどの先にある暗がりの中で何かが動いた気がしようが、それは大体気のせいなのだ。

気のせいではなかったとしても、気のせいだと思えば気のせいになる。

逆もまた真なり。

気のせいと思わなかったら、何かがある。

では、これは気のせいだろうか。

そうだ、気のせいだ。

後頭部に枕の柔らかさを感じる。

瞼は閉じている。

電気は消している。

だが、どうにもチカチカと光が目に残っていて、微かな像を造っている。

人の顔のような。

そうではないような。

まあ、気のせいなのであるが。

眠り、起きて仕事へ行く。

このルーティーンは現実も現実。

気のせいも何もなく、楽であったり辛かったり。

何事も起きることなく時間が進み、何事かが起きるとしたら人為的なものが殆どで、ストレスはあれど仕事とはそういうものなのだ。

家に戻り化粧を落として風呂にでも入り、またベッドで横になる。

すると気のせいの顔が、また瞼の中に現れる。

顔は日に日にはっきりとしてきている気がするが「気がする」だけではっきりとし

てくる訳がない。

男性の顔だとは分かるが、見知らぬ顔だ。

見える、というか想像力が強く発揮されて、見える、の域にまで達しているのだろう。

京子は自分の脳にそんな力があることに驚きを隠せない。

普通に仕事。

帰宅。

眠ろうと目を瞑る。

顔。

おじさんの顔。

仕事、帰宅、瞑る、顔。

仕事、帰宅、瞑る、顔。

祖母の訃報。

形見として、桐箪笥《たんす》を貰い受ける。

仕事、帰宅、眠る、顔。

かなりはっきりした顔。

くっきりとしたおじさんの顔。

しかも泣き顔。

気のせいではなく。

気のせいではなく、この数日の間に折り目正しい「見知らぬおじさんの泣き顔」が、目を閉じた後の世界に存在するようになってしまった。

狂った。ああ、医者に行かねば。ストレスだろうか。

見知らぬおじさんの泣き顔。

見知らぬおじさんの泣き顔。

京子は意外と精神科や心療内科に行くのは勇気がいるものだと気付いた。

何をどう診断されるか分かったものではないし、心の薬には強い副作用を持つものもあると、何かで読んだ。

仕事を続けられるだろうか。

仕事、帰宅、風呂。

洗面台で髪を乾かしていると、鏡に映った浴室のドアが少し開いており、隙間から指が覗いていた。

浴室の中に誰かいる。

訳がない。

あたし、そこから出たばっかり。

と思っていると、その指はツテエエとドアの縁に沿って下方に動き、沓摺《くつずり》に到達すると、シュピッと浴室に引っ込んだ。

京子はドライヤーをオフにする冷静さこそあれど逃げるようにベッドに潜り込み、目を瞑るとまたおじさんの泣き顔が登場。

もう駄目。異次元。理解が追い付かない。現実を踏まれたり蹴られたりしている。

それに今回はついに吐息つき。ほら、顔にひゅうひゅうっておじさんの息が。

もういや。目を開けます。目を開けました。ほら、まだおじさんの顔が目の前に

……。

うわあ。

これ、気のせいじゃないよ。

吐息を漏らして嗚咽《おえつ》するおじさんの顔が目の前に浮かんでる。

こうなったら、もうよく分かりません。

さっぱり。もうさっぱり。

——桐箪笥。

ほら、頭の中に謎のメッセージきた。

何よ。うん。分かるよ。お婆ちゃんから貰った桐箪笥ね。分かるよ。だから何よ。

——桐箪笥。

『欲しいの？』

男は首を振り、京子はうっかり化け物と交信してしまった自分にゾクリとした。

『欲しい訳じゃないなら、あの中に何かあるの？』

京子がまた内心で問いかけると、男の顔はすっと消えた。

はい。

やっぱり、訳が分かりません。

京子は電気を点けて、箪笥の中を調べたが、早速入れた自分の衣類以外は何も見つからず、そのまま朝を迎えた。

浴室の中に化け物化け物化け物顔顔顔顔ついに瞼から出た顔顔顔顔箪笥箪笥箪笥箪笥って何よ箪笥箪笥箪笥、などと思いつつ昼間を過ごしていると、もしかしたらあの桐箪笥に何か隠れた秘密があるのではないかと思い至った。

母からあの手の箪笥は、妻のへそくり隠しに適したカラクリがあるものだと聞いたことがある。

ならば、どうにかして秘密を暴かねば、と京子は腕まくりをしたのだが流石に形見の品をむやみにぶっ壊す訳にはいかない。そういえば家具屋がいたな。彼に頼んでみよう。

友人に頼んでみよう。そうしよう。

と決意したその日から、瞼の男は現れなくなった。

後日、家具屋の友人を家に招いて桐箪笥を調べてもらった。

「こういうのってさ、ここに隠し箱があるのよ」

彼は一番下の引き出しを抜き、中を覗き込んだ。

「ほら、ここ」

促されて京子も中を覗き込む。

「箪笥の一番下の土台、台輪の幅の分を活かして隠し箱が作れるんだよ。ほら、ここが蓋で……」

引き出しが抜かれたあとの下面には長方形の切り込みのようなものがあり、友人が微かな隙間に爪を入れると見事にその長方形が外れた。

隠し箱、というにはこの桐箪笥の台輪は高さを持っていない。京子は畳ずりに厚みがある程度にしか見えていなかったので、この細工には素直な驚きを覚えた。

「お。何か入ってる……」

彼は中に手を入れて、数枚の紙を取り出した。

プライバシーだから、と彼はその紙をさっと京子に手渡す。

紙は三枚あり、どれもインクで文字が書き連ねてある。

内容は少し目を通すだけで分かった。

『拝啓　ふみ様　一雨ごとに寒さも緩み、春めいてきましたが………貴女のことを思うと尚一層に春を感じ………この胸の中にはいつも貴女の麗しい姿があるのですが、そろそろお会いしたくもあり……』

ラブレターだ。

男の人が祖母に宛てたラブレターを見つけてしまった。


『敬具　四月十八日　東堂隆良』


友人が帰宅したのち母にすぐさま電話をして『東堂隆良という名の親戚、知人の類はいないか』と訊いてみるも空振りに終わり、京子の次の問題は〈この見つけた手紙をどうしたらいいのか〉に移行した。

あれだけ匣に現れ、ついには匣から出てきてまでこの手紙の存在を自分に訴えたからには、何か理由があるはずだ。

見つけただけでいいのだろうか。

存命の祖母にかつて伝えたこの熱い気持ちを思い出してほしいというのなら分かるが、祖母は既にこの世にいない。

孫の私にこのこっ恥ずかしい恋文を読まれて、何が満足なのだろう。むしろ、見られたくないのが普通ではないか。

さて、この手紙をどうするか。

例えば、燃やす。

何で？

例えば、寺に供養に出す。

いやいや、もう瞼の男は出てこないし、必要なくね？

その日は午後からの出勤があり、手紙は机の上に置いたまま仕事に出向いた。

帰宅すると、手紙はなくなっていた。

結局、あの男はもう京子の瞼の裏から消えた。

だが。

日を追うごとにだんだんと、また見知らぬ顔が。

沢山。

沢山。
老若男女の沢山の顔が、京子の瞼の裏に現れるようになった。
それらは慟哭《どうこく》したりニタニタと笑ったり、全く表情がなかったりする。
そうして、京子は御祓いを受けた。
すると、それらの顔が見えることはなくなったという。

この怪異体験を記した煙鳥メモには、
『霊は霊感のある人を頼る』
と記されている。

御挨拶

川口幸代。

小島秀俊。

結婚を決意した二人の近親者が初めて集まったときのことである。


「失礼ですが」

小島家の父が目を伏せながら口を開いた。

「あなたの先祖に、川口国義さんという方はおられますか」

「ええ。国義は亡くなった父です」

幸代はその質問になんなく答える。

が、すぐにまだ秀俊にその名を教えていなかったことに思い至る。

「おお……やはり」

「あなた、じゃあ……あの夢は……」

小島の両親は目をまん丸に見開いて、顔を見合わせた。

「どうやってその名を知ったんですか」

「いや、実はですね……」


夢を見まして。

夢の中で優しそうな男性が現れて、

「初めまして、私は川口国義と申します。新潟の生まれです。私は既に亡くなってますが、幸代を。どうか幸代をよろしくお願いします」

と言い、深々と頭を下げたんですよ。

目覚めてから「川口」という名前を秀俊から聞いていることを思い出してね。

でも、秀俊も幸代さんの父の名前まではまだ知らないと。

それで今聞いてみたら、ぴしゃりと同じ名前でしょう。

ああ。

あなた。御兄弟の中で一人だけ女の子だったの。
よほど、可愛いがっていたんでしょう。
あんなふうに御挨拶されたら、うん。
こちらこそ、よろしくお願いします。

タクシードライバー

借金。
電気代／ガス代／家賃。
携帯代。
ハンドルを右へ、左へ。
赤信号で停まり、青信号で出発。
角を曲がり、また赤信号で停まり。
歩道を行く人の数は少ない。
タクシーの運転席から見える車窓は、乗用車のそれとは全く違う。
それは手を挙げている人はいないかを探す一枚絵のゲームをずっと続けているようだ。
今月も終わりそうだが、売り上げはさっぱり。

借金／滞納／督促状。

まだ大丈夫まだ大丈夫、と思い続けるのにも疲れた。

タクシー運転手になろうと思ったのは、何となく気楽そうに見えたからだ。

車の運転には自信があったし、頑張れば稼げて頑張りたくないときは気を抜けばいいのだろうと高を括っていた。

蓋を開けてみると、頑張っても稼げず、頑張りたくないときはゼロの労働意欲に抗って営業所に向かうのが何より辛い。

想像よりもツーランク下。

ずっとそう。俺の人生は物心付いた頃から、想像のツーランク下のまま続いている。

貧乏な家で生まれた時点から決定付けられていたのか、それとも運命に逆らえるだけの体力があるうちに努力をしなかったからこうなったのか。

ハンドルを右へ。

しばらくしたら、左へ。

深夜になると、どこにも人影がなくなる。

繁華街の近くをわざと外れて、妙に立派な歩道に挟まれたバイパス通りに入る。

死＝終わり＝今の辛さはなくなる。

人生が上手くいく気がこれっぽっちもない。

無事に滞納中の何らかの支払いを数件済ませたとして、それで自分の毎日が輝く訳もない。問題は自分の根本にある。根本にある空虚さが良くないのだ。

自分に合った幸せの形が分からない。いつも無尽蔵に金があったらいいな、と考えるのだが、そんなふうになる訳がない。

死＝自意識が永遠に途絶える＝幸せも不幸せもなくなる。

対向車線を走る大型トラックに向けてハンドルを切れば上手く死ねるかもしれないが、死ねなかったときのことを考えると鳥肌が立つ。

なるべく苦痛から逃げて生きていきたい。

楽に死ねないだろうか。

ベストな死に方を発表します。

それは寝ている間に完全なる無痛で永眠することです。

死んでしまいたい。
死んでしまいたいんですよお。
死んじゃおう。

「うん、死のう」

声が聞こえた。
耳元での囁き声。
誰。
次に、車道の真ん中に人。
避け切れる訳もない。
アクセルを緩める間もなく、轢《ひ》いた。
当てた衝撃は全く伝わってこなかったが、確実に轢いてる。
路肩に停車し、車を降りた。

事故／茫然自失／こんなことが起きるとは。

自分が怪我をさせたか、あるいは殺めた誰かがそこいらにいるはずだ。

しばらく車道を歩いて戻る。

いない。

どこにもいない。

ぶっ飛んで想像も付かないほどあらぬ方向へ行ったか。

いや。

もしかして、引き摺ってないか。

引き摺ってる可能性、あるぞ。

小走りでタクシーに舞い戻り、屈む。

いた。

男。

俺と全く同じ顔の男が車の下でうつ伏せに寝そべり、目をかっ開いてこっちを見ている。

「ねえ、死なないの？」


男は素直な疑問を抱いた子供のような口調でそう問いかけてきた。

あの車内で聞いた声だ。

まるっきり俺の顔をした男はまるっきり俺の声で話しかけてきた訳だ。

逃げる、という選択肢に到達する前に俺はまず後退した。

すると、まるでこの数歩のあとずさりを合図にしたように男の首は勢いよく後方に百六十度ほど折れた。御丁寧に、
ボッキン。

と骨が折れる音がした。

目に見えない何かが男の首を後ろに思い切り折ったらしい。

そして、次に目に見えない何かは男の足を引っ張ったようだ。

ずるずると腹を擦って男は車の下から追い出され、そのまま車道、路側帯、歩道、

ついには林の中に消えていった。

死のうなんて思うもんじゃねえ。

死ぬより怖いことが起きやがる。

希望はない／でも死ぬと思ったらこんなことになる＝最低限、死のうと思わないこと。

タクシードライバー二

若松はその日、長距離の客を無事目的地まで送り届けたあと、上機嫌で自分のシマに戻ろうとしていた。

久しぶりに一万円を超える会計を見た。タクシー代をそれだけ払える職種の人がまだいるのだな。今月は調子が良い。給料が入ったら焼き肉でも食いに行こうか。そんなことを考えながら国道から山道に入り、時短を狙う。

くねとくねと小さなカーブが続く登り道を中程まで進むと、路側帯を歩いて山を上がっていく者がいた。

こんな時間に徒歩で山越えルートを通るとは、一体どんな事情があるのだろう。

アクセルを緩めながら、男の横を通り過ぎる。

男の身体のバランスに少し違和感を覚えたが、気にするまでもないように思えた。

追い越してからしばらくすると、ふと若松はあの男をただで乗せて山越えさせてあげようと思い立った。

進行方向が同じなんだから、ここは一つ助けてあげてもいいじゃないか。

何と言っても来月の給料はきっと調子がいいのだから。

比較的広い幅員のところでUターンし、少し進むと男の姿が見えた。

若松は車を停め、男を待つ。

ヘッドライトを点けたままなので、男も遠目に見てこちらに何らかの意図があるのだろうと想像しやすいだろう。

近づいてくる男を改めて見て、やはり最初に抱いた違和感に間違いがなかったことを確信した。

身体が薄い。

背丈、肩幅などは普通と変わらないが、奥行きが一般の半分くらいしかないように思える。

それにまるで誰かに操られているかのような、ぎこちない歩き方をしている。

いうなればそれは、頭のてっぺんに付いた糸で動く操り人形の様。

人形だと思えば、この異常な身体の在り方にも納得が……等と若松が考えているうちに、ほどほどに近づいてきた男は急に、がばっと掴みかかってきた。

「おう！　何だお前！」

襲いかかってきた男は若松にしがみつき、やたらと押したり引いたりする。

どうも山へ拉致しようとしているようだが、力はそれほどない。

「やめろって、お前！」

男は若松のワイシャツの胸ポケットに手を掛けたが勢いでポケットが千切れ、重心が後方に移ってよろけた。ここぞと若松は男を突き飛ばす。

男は仰向けの状態で思い切り後ろに倒れた。

が、どうやっているのか、その仰向けのまま腕も足も一切使わずにずるずると山のほうへ背を擦って移動した。

こいつ、やっぱり頭のてっぺんの糸で引っ張られてる。

山の中の何かが、こいつを動かしている。

この山に何がいるんだ……。

＊

煙鳥君が付けた仮タイトルは「ルアー釣り」でした。

裏返る夏

親戚の〈淑子おばさん〉は、夏休みになるといつも梨香を「どこかの田舎」に連れて行ってくれた。

おばさんの「大《おお》お婆ちゃんの家に行こう」という言葉が旅立ちの合図。

おばさんには梨香と年頃を同じくする子供達がいて、その思い出の大方は賑やかだ。

行き帰りの電車の車窓には海があった。

駅に降りてからもそのまま海沿いを歩いて、大お婆ちゃんの住む邸宅に辿り着いた。

小さな梨香はその田舎が何県にあるのか理解していない。

驚くほど広い三和土《たたき》。

幾つもある和室。

豪邸という言葉を知っていたらきっとそう評していただろうが、子供達はその大きな家を使ってかくれんぼをすることしか知らない。

家には大お婆ちゃんの他にもう一人お婆ちゃんがいて、彼女は〈新宅のお婆ちゃん〉と呼ばれていた。

梨香はこの二人のお婆ちゃんの関係についてもやはり何も理解していない。

海沿いの家で従姉妹達と楽しく過ごせれば、それで良かった。

蝉の鳴き声や数多の蜻蛉《かげろう》の羽音が作る夏の音に囲まれていれば、それで良かったのだ。


そして、その日。

夏休みの終わりが近づいてくると、高学年の親戚達は縁側の部屋で扇風機に当たりながら、ひたすら鉛筆を動かしていた。

「みんな、宿題があるんだって」

「へえ。あたしは何もないわ。梨香ちゃんもないでしょ？」

「うん。メグちゃん、遊ぼ」

「うん」

メグは親戚の子供達の中で最も歳が近く、一歳年上。

二人はしばらく家の近くでボール遊びをしたりシャボン玉を吹いたりして遊んでいたが、ふと自分達がついつい上げてしまう喚き声が勉強組の邪魔になってしまう気がして、家の裏手に回ることにした。

「メグちゃん、こっちは来たことある？」

「あんまりない。ううん。一回もないかも」

単に家の裏側に行くだけでも、まるで大冒険をしているようなワクワクがあった。

「あれ！」

先に指を差したのは梨香だった。

「ほんとだ」

メグは関心を示しつつも歩調はゆっくりだ。

そこには小さな社があった。

社の各面は全体的に乾いてくすんでいて、いかにも古びた雰囲気を醸し出している。

鳥居も賽銭箱もない、大きな犬小屋程度のサイズ。

「こんなのがあったんだねえ。メグちゃん、知ってた？」

「知らなあい。初めて見た」

二人が社の周りを何となくうろついていると、見知らぬ少年がどこかから近づいてきて、

「あーそぼうっ」

と声を掛けてくる。

「いいわよう。あなた、お名前は？」

「お家はどこ？」

「……の家だよう」

梨香は少年が何と答えたかは覚えていない。

少年はシャボン玉にもゴムボールにも興味を示さず、虫取りばかりしようとした。二人はしゃがみこんでアリジゴクを捕まえる遊びは初めてで、この少年の趣味に大いに惹かれることとなる。

「奥のほうに行くと、楽しい所があるから一緒に行こう」

「行こう行こう」

「虫が沢山いるの？」


山道に入ると小川があった。

少年は川に手を入れて器用にヤマメを捕まえる。

「凄い！」

「どうやってるの！」

小川に足を入れるのを躊躇った女性陣は、川辺で少年の様子に感嘆するばかりだ。

「もっと面白い所があるんだよお」


山道を更に進むと、不意に平野が広がった。

地面には大小様々な石が埋まっていて、踏み石のように表面の一部を覗かせている。

「けんけんぱっ！　けんけんぱっ！」

少年はその石の上だけを踏み、足を広げては閉じ、時には片足で立ったりと身軽に飛んだ。「けんぱっ！　けんぱっ！」

二人はその様子を見て、気分が悪くなった。

こちらはサンダル履きだし、何で急に一人であんなことを。

「けんけんぱっ！」

転んだら痛いじゃないの。

「メグちゃん、帰ろうか」

「そうね。大お婆ちゃんの家からも離れちゃったし」

二人が帰宅したい旨を告げると、少年は山道を一緒に下り、家に着くと手を振って去っていった。

以来、何度田舎を訪れても、その少年に会うことはなかった。

そして小さな梨香は大きな梨香になり、田舎に遊びに行くこともなくなった。

梨香さんが三十路半ばを超えた頃、淑子おばさんが亡くなった。

法事で久しぶりに集まったあの頃の子供達が交わす会話は、自然と大お婆ちゃんの家についてとなった。

「大お婆ちゃんね。あの人、親戚じゃないんだよ」

「ええ？　そうだったの？」

「そうそう、あの家は淑子おばちゃん夫婦の別荘だったんだよ。お婆ちゃんは昔から管理人をしながら住んでいたんだよね。全く血縁関係がない地元の人だよ」

「新宅のお婆ちゃんは？」

「あの人も管理人。管理人が二人いるだけ」

「新宅って？」

「そのまま。新宅のお婆ちゃんは大お婆ちゃんの親戚なんだけど、本家から別れたんだって。本家を古い家としたら、分家は新しい家。だから〈新宅〉。そういう渾名《あだな》」

「そうだったの」

梨香は少しだけ過去が歪んだような気になり、何かの梯子《はしご》を急に外されたような不安を感じた。たとえあの二人の老人と血縁関係があろうとなかろうと、当時感じた親しみが消える訳もないはずだ。はずもないのだが、どこか胸がざわめく。

ざわめいたとして、何ができる訳もないのに。

親戚だと思っていた人が親戚ではなかった。

ただそれだけのことだ。

誰も悪いことはしていない。

「昔……昔、あたしさ。メグちゃんとあの家の裏の社に行ったんだよね」

梨香は不意に思い出した小さな社、少年と過ごした裏山のことを皆に話した。

それまで脳裏の片隅にも浮かぶことがなかったあの日の光景が、話をしている間に鮮やかに色づいていく。

そうだ。

やはり、あの頃の楽しい冒険の日々に翳《かげ》りはない。

幼少期のひと夏にある、小さな宝物。

あの田舎にあった彩りはやはり美しいのだ。

「裏側ね。それは記憶違い」

「あの家、崖っぷちに建ってただろう」

「え？」

「覚えてないか」

話が噛み合わない。

大人になりすぎて経験をあれこれと積むと、こういうことがよくある。

「ねえ？　メグちゃん。裏手に行ったよね？」

「あたしは覚えてるわよ。地元の男の子と梨香ちゃんと三人で虫を取って……ほら。アリジゴクをあんた達にも見せたでしょ？」

メグがぴしゃりと言うと、あの日勉強をしていた年上の親戚達も思い出したようで、

「おお。アリジゴクな……それは覚えてる」とゆっくり首を縦に振った。

「でも、崖は崖だしな。記憶違いは記憶違いだと思うよ」

「崖を越えたら、山。梨香ちゃんとメグちゃんが行った山は、確かにあるからね」

「そうなの？」

「そう。小川も流れている。俺らはあの頃もう大きかったから、たまに遊びに行って

いたもんだよ。その……石が埋まってるところも知ってるよ」

また思い出が書き換えられていく感覚に胸が侵略されていく。

もしかしたら、私達は回り道をしてあの山に入ったのだろうか。

「何にせよ、けんけんぱってやらなくて良かったな」

「ああ、そうだそうだ。踏んだら駄目だろ」

年上の連中はまだあたしの知らないことを知っているようだ。

悪意はないのだろうが、心の準備が追い付かない。

「あそこに埋まってるのは枕石だからさ。あそこ、昔からある墓場なんだよ」

「え」

と声が漏れると同時に、梨香さんのその日は色がなくなり、記憶の風景にある夏の音は、すん、と止まった。


否、元から色も音もなかったような。

女祭り

ある男性の、生まれ故郷での体験である。場所は東北地方とまでしか教えてもらっていない。その男性のことは、仮に木田と呼んでおこう。

木田の地元の集落では年に一度、独特な祭りが催されているそうだ。

一年のうち決まった一日だけ——その日取りを木田は教えてくれないのだが——男が全ての家事をこなさなければならない。炊事も洗濯も子守りも、つまり女が家で行う労働を全て肩代わりするのだ。

近年はどうなっているか知らないが、当時のその集落では男が一切家事をしないことが常識だった。となるとその日だけ慣れていない作業を行うのだから、大層時間が掛かってしまう。

毎年、男達はてんてこ舞いで家を駆けずり回り、それだけで日が暮れてしまうのが常だった。

では、一方の女達が何をしているのかといえば。

女だけの祭りをしているのだという。

村中の女達が、決まった一軒の屋敷に集まる。そこで車座になり、渡された紙に書いてある経文のような文句を皆で唱和する。

車座の中心には大きな鍋が置かれており、鍋の中では湯が熱せられている。

その湯に入っているのは、金物《かなもの》だ。

鋏《はさみ》や鎌や金槌《かなづち》など、生活で使う金属製の物品。それが鍋の中で煮込まれるようにして、ぐらぐらと揺れている。

「そんときにどっからか、ぼーんぼーんって音がすんだな。何でそんな音が鳴るのか分からねんだけど」

木田の母親は、そのように漏らしていた。

女達が集まる屋敷に、男は誰も行ってはならないとされていた。そこで何がどう行われているかについては、女達の証言に頼るしかない。

つまりは秘密の儀式である。そこまで聞く分には厳かで神秘的な祭祀を想像してしまう。だが母によれば、実際はかなりカジュアルな雰囲気のようで、「そろそろおやつにすっか」「御飯できたから皆で食べよ」何度も休憩を挟みながら、和気あいあいと行程が進んでいくのだという。

日が暮れると鍋の火を消し、全員で屋敷の外に出る。そして村の広場へと移動していく。

広場にはあらかじめ高い櫓《やぐら》が設置され、その上には太鼓が用意されている。太鼓を叩く者と、櫓の下で輪になって踊る者達とに別れる。この部分だけ見れば、よくある祭りの光景とそう変わらない。

ただ、この段になっても男達の参加は禁じられている。遠巻きに眺めることもタブーとされ、完全に女達だけの状況を維持しなければならないのだ。

変わったしきたりはもう一つある。太鼓に合わせて女達が踊っている、その櫓の頂上に、〝大きな鳥〟が止まるかどうかを気にしなければならない。

もし鳥が見えたならその年は良い年になる、と言い伝えられているそうだ。鳥がきたかどうかについては、特に口外禁止になっている訳ではない。

家に戻ってきた母や姉は、いつも自分達の前で「今年も見えんかったな」「私、一度も見たことねえなあ」と堂々と話していたものだ。

素直に考えれば、やかましく太鼓を叩いている櫓の上に鳥が留まろうとするはずがない。めったに起こらないことだから奇瑞《きずい》とされているのだろう。また女達は、そもそも鳥の出現にそれほど拘《こだわ》っている様子でもなかった。

ただやはり、男の立ち入り禁止というタブーだけは徹底していた。何でも、男がその場にいると「必ず鳥が見えてしまう」のだそうだ。

鳥が見えるならいいことではないかと思うのだが、そうではない。この場合は吉兆が逆転し、今年一年の間に悪いことが起こるとされているそうだ。理屈がよく分からない。とにかく男子禁制を守らせるため、後から付け足された方便だという可能性もある。

閑話休題。

ちなみに煙鳥君は、この祭りの日取りを一月のどこかではないかと推測しているそうだ。女に家事を休ませるという性質は、一月十五日の「小正月」の風習と似ている。

また鳥が櫓の上に止まれば「その年は良い年になる」との言い方からも、正月に近い時期かと察せられるではないか。

ただ木田が一切のヒントも与えず日取りを隠している以上、これらは推測の域を出ない。

ともかく本題に戻ろう。

幼少期から接している木田は、この独特の祭りを他の村人とともに自然と受け入れていた。

他の地域にはない珍しいものなのだと気付いたのは、上京して大学に入ってから。

全国区だと思っていた地元の風習や方言や食べ物が、実はその土地特有のものだと知って驚く、というのはよくある話だ。

ただし木田の場合、素朴な驚きだけでは終わらなかった。

人文系に進んだ彼は、民俗学や人類学にも興味を持ち始めてゆく。するとそのうち、こう考えるようになったのだ。

……うちの集落の祭りは、凄く変わったものらしい。

それならば、何が行われているのか、この目で取材しなければならない。

自分だけで祭りをこっそり覗いてしまおう……と。

木田は家族にも友人にも明かさず、祭りの日に合わせて一人静かに帰省した。実家に戻ってから抜け出せば、自分の目的がバレてしまう。なので一番近い街でホテルを取り、そこからレンタカーで地元集落を目指したのである。

流石に屋敷の中は忍び込めないので、観察するのは広場の様子だけだ。村の手前で車を乗り捨て、あとは徒歩にて雑木林を抜けていく。林の陰から広場を見下ろせるポイントがあることは、幼い頃から折り込み済みだ。

ちょうど日暮れ時、目的地へと辿り着いた。

しばらく待っていると女達がぞろぞろと集合し、太鼓に合わせて踊り始める。

「……本当にやってたんだな、こういうこと」

疑っていた訳ではない。毎年、広場に用意された櫓そのものは見ていたし、遠くで響く太鼓の音を耳にしてもいた。それでも、ずっと話でしか聞かなかった光景を目の当たりにするのは、それなりに感慨深いものがあった。

とはいえ祭りの様子自体は、女だけという点を省けば全く以て普通である。少しくらいは奇抜な要素があるかと思っていたが、期待外れなまでにありふれた日本の盆踊りに過ぎなかった。

まあ、そんなものだろう。民俗学がどうのと気張っていたものの、結局これはごく個人的な自分のルーツ探しに過ぎなかったのだ。

そう思っていた矢先。

「……あれ」

櫓の屋根の上で、黒い影が動くのが見えた。

……鳥だ。真っ黒い鳥である。いつの間に飛んできたのだろう。カラスだろうか。しかしカラスにしては大きすぎる。遠目にもワシほどの、もしかしたらそれ以上の体躯をしている。

……いや、よく見れば櫓の屋根をはみ出すほどではないか。あれで両翼を広げたらどれほどのサイズになってしまうんだろう。

……というより、本当にいつの間に飛んできたのか。あそこまで巨大な鳥が舞い降りてくるのが、何故見えなかったのか。

木田の中で、違和感が急速に膨らんでいく。

……そうだ。こんなの、あまりにもおかしい。俺がこの瞬間まであんな大きな鳥に気付かなかったのもおかしいし、それより何より。

女達は、何事もなく呑気な盆踊りを続けている。

見えていないのか？　あの化け物みたいな鳥が？

恐怖が腹の底からせり上がってきた。

自分は今、見てはいけないものを見ている。直観がそう告げている。

木田は漏れ出す声を必死に抑え、元来たほうへと林を駆け抜けた。そのまま放置していた車に辿り着き、一目散にホテルまで戻ったのだが。


その夜中である。激しい痛みが木田の睡眠を吹き飛ばした。腹の中で信じられないほどの痛みが響き渡り、脂汗をかきながらベッドの上で悶絶する。

とにかく必死に電話へと手を伸ばし、フロントに救急車を呼ぶよう伝えた。そのとき、頭の中には「一本の黒いエノキ茸が胃の中を暴れまわっている」イメージが広がっていたそうだ。

病院に運ばれ、問診や採血、レントゲン検査が行われたところで緊急手術となった。撮影された胃の中に、細長い異物が写っていたからだ。

開腹オペによってそれが取り出され、木田は何とか一命をとりとめた。

胃から出てきたのは、錆びた五寸釘だった。


それから長い年月が経った。

取り立てて大きな怪異はあの一度きりで、木田は社会人として平穏な生活を営んでいる。

ただ数年に一度の割合で、体調や気分に小さな変化が訪れることはあるそうだ。

例の祭りの日が来ると――やはり木田はその日取りを教えてくれないのだが――無性に食べたくなるものがある。

画鋲《がびょう》、ネジ、ステープラーの針など。小さな金属製品の数々を口にしたくなる衝動に襲われるのだ。

美味そうだと感じるのではない。とにかく噛み砕くこともせず、胃の中へと流し込んでしまいたくなるのだ。

勿論食べてしまったら終わりだと、理性で抑えこんでいる。再びの開腹手術などまっぴらだし、何より自分の心が引き返せないところへ行ってしまいそうな予感がする。

これまで一度たりとも画鋲やネジを口にしたことはない。今後もそうする気は一切ない。

ただ、これからも生きている限り、祭りの日は毎年やってくる。煙鳥君の推測では正月に近い、一月のどこかの日が。

これからもずっと、木田が金物を食べたい衝動を抑え切れるのかどうか。

それは誰にも分からない。

ののさまのたたり

一　横断歩道

斎藤さんという女性から聞いた話だ。
斎藤さんは近所の信号機が設置されている横断歩道をあまり通りたくない、という。
ここでは妙なことがよく起きる。
ある夜、斎藤さんが車を運転してこの横断歩道を通ったときのことだ。
横断歩道に設置された信号機の傍らに二十代半ばくらいの女が立っていた。
ヘッドライトがハイビームでは眩《まぶ》しかろうと、彼女はロービームに切り替えた。
その瞬間、信号機の傍らにいた女が消えた。
彼女は咄嗟にハイビームに切り替え直した。
その瞬間、女が立っている姿が再び浮かび上がる。

ロービームであっても確実に見える距離だ。

そうか、この横断歩道だもんな。この女はこの世のものではないのだろう、と直感した。

あるとき、横断歩道を渡っていた近所の老婆がいた。

老婆が渡っているときに足をもつれさせ、不意に転んだ。

信号は転んでいる間に点滅を始め、横断歩道の信号は赤に変わりつつあった。

老婆はすぐに立ち上がったため、危うくそのときは事故にはならずに済んだ。


何故、こんなに転んでしまうのか。

この道路の近くに住む者達はこう言う。

「横断歩道の信号が点滅するくらいのときに足を取る何かがいる」

横断歩道の信号が点滅のときに転ばされる。

はっと顔を上げた頃には横断歩道の信号は赤に変わっている。

つまり、車道側は青信号だ。

車道を走る運転手は、道路で転んでいる人に気が付く頃にはブレーキが間に合わず、轢いてしまう。

この道路の近くに住む者達は言う。

「足を取られた」

「背中を押された」

「引っ張られた」

そのため、ここがどういうところか分かっている人たちは、習慣的に気を付けながらゆっくりと歩いていく。

斎藤さんは言う。

「私も、ここを自転車で横断しようとしたときに、横断歩道の真ん中あたりで自転車のチェーンが突然切れたことがあって。危なかったですよ」

これは、この後に書く一件が起こる以前の話だ。

開幕

僕は現在まで沢山の怪談を聞き取りし、インターネット配信で語ってきた。

その中で特定のとある場所にまつわる怪談を、多方面から聞くということは稀にあった。

有名な心霊スポット、観光名所、レジャースポット。その殆どは多くの人が行きかう場所だった。

これから書く怪談は数年間に亘って聞き取りをした、とある道路についての怪談だ。長い話になる。

もし、この道路、そしてこれから書く現象に心当たりがある方は是非連絡を頂きたい。

どんな小さなことでも構わない。

少しでも、僕は手掛かりが欲しい。

二　帰宅

斎藤さんには二人の娘がいる。姉は七歳になる瞳ちゃんといい、その妹は五歳になる美香ちゃんという。

ある日の夕方、美香ちゃんが帰宅してきたときのことだ。

美香ちゃんは玄関先に通園用バッグを置き、斎藤さんのほうを向いて声を掛けてくる。

「おかあさん、今日ね、かげさんと帰ってきたの」

かげさん。

その名前が何を指しているのかは分からなかったが、家事の手を止めず、斎藤さんは返答することにした。

「ああ、そう、かげさんと帰ってきたの」

「でね、かげさんね、山口さんちに入っていったー！」

山口さんとは彼女が住む山内集落にある一軒の家だ。

かげさん。

それが何を指しているのかは分からなかったが、美香ちゃんは小さな子であるから、そこまで気にも留めなかった。


それから三日ほど経った後、公民館からの防災無線が流れてきた。

ジジジ、と若干のノイズ交じりの防災無線機から聞こえてきたのは、「山内集落の山口さんのお宅の山口啓明さんがお亡くなりになりました」という山口家の訃報を伝えるものであった。

彼女の集落は小さいため、訃報を知らせてほしい旨を町役場に伝えると、防災無線で流してくれる。

山口家。

先日、美香ちゃんが「かげさん」というものが入っていった、と言ったその家。

斎藤家に回ってきた回覧板には、山口家の葬儀の日程等が記載されたＡ４サイズの用紙が挟まれていた。

それから数日後、夕方になり上の娘と下の娘の〈ただいま〉の声とともに玄関戸を開ける音がした。

斎藤さんが出迎えると、美香ちゃんがこちらを向き、楽しそうに声を掛けてくる。

「おかあさん、ただいま。今日ね、かげさんと帰ってきたの」

「かげさん、前に言ってたかげさんね。今日はかげさんはどうした？」

「あのね、かげさんはね、宮前さん家に入っていった」

斎藤さんは美香ちゃんのその言葉に、背筋に冷たいものが走った。

かげさん。また集落内にある宮前家に入っていった。もしかして、また……？

そういえば、瞳と一緒に帰ってきたはずだ。瞳は何か見ているだろうか。

斎藤さんはそう思い、訊いてみることにした。

ねぇ、瞳、とだけ声を掛けると、瞳ちゃんは俯いてずっと自分の足元を見つめている。

「お母さん、私、見たんよ」

そう俯いたまま呟いて、瞳ちゃんは語り出した。

美香ちゃんを連れて帰る道、少し先の街灯の根元近く、その光を背にして誰かの影が伸びている。

誰かいる。誰だろう。

いや、違う。誰もいない。人ではない。

街灯の明かりの下、人がいないにも拘らず誰かの影だけがズズっと伸びている。

美香ちゃんが突然街灯に向かって走り出すと、影はススス と引き延びていき妹の影に這い寄っていく。

這い寄った影が、美香ちゃんの影に重なると、街頭の下の影が消えた。

代わりに美香ちゃんの影が街灯の下の影を呑み込んだように大きく伸びている。

「一緒に帰ろう」

美香ちゃんは歩き出した。

そして、巨大な影を引き連れたまま宮前家の前まで来たその瞬間、妹の影は一気に縮み、妹の背丈の長さへと戻った。


美香ちゃんは言っていた。

「かげさんは宮前さん家に入っていった」


三日ほど経ち、宮前家で人が亡くなったことを知った斎藤さんは、だんだんと本当に恐ろしくなってきた。

しかし美香ちゃんは全く怖がっている様子がない。

まるで新しい友達ができたかのようだ。


数日後。

帰宅した美香ちゃんは斎藤さんに「かげさんと帰ってきたの」と嬉しそうに言う。

「……かげさん、今度はどこ入っていった？」

「あのね、今度は田口さん家に入っていった」


田口家からの訃報を聞いたのは、その三日後だった。


この間に、帰宅した美香ちゃんが気になることを言っていたことがあった。

「お母さん、かげさんと帰ってきたの」

「……かげさん、今度はどこに行った？」

「あのね、橋の交差点のところで別れた」

いつもと違う。誰かの家に入っていった訳ではない。しかし、斎藤さんには思い当たることがあった。

橋の交差点。実はその地点は死亡事故の多発地帯として有名なところだ。

急なカーブや複雑な交差点ではない。ただ、まっすぐな道なのである。

それにも拘らず、あまりに事故が起きる。そのため、信号や歩道、大きな道路標識を作る。

それでも事故は収まらない。

あまりに死亡事故が頻発するため、一時期はその事故の犠牲者のために作られた献花台が交差点の付近にあった。

それからしばらくして、献花台を撤去することとなった。

すると、一つの変化が訪れる。

死亡事故の起きる現場が頻発する地点が少しずれた。

ずれた先は、撤去された献花台が設置されていた位置だった。

そこでかげさんと別れた。美香ちゃんはそう言っていた。


一度、美香ちゃんに訊いたことがある。

「ねえ、美香ちゃん、かげさんてどんな人なの？」

「あのね、かげさんはね、わたしと同じくらいの男の子」

「どんな男の子？」

「……尻尾が一杯生えてる男の子」

「何それ？」

その途端、美香ちゃんは言葉に対する反応を失った。

こちらを向いたまま、ニコニコと笑っているだけだ。

ぎょっとした斎藤さんが慌てて声を掛ける。

「美香ちゃん？」

「なあに？」

「あの、それで、その男の子なんだけど……」

全くの無反応だ。

こちらを向いて次の言葉を待つかのように、ニコニコと笑ったままだ。まるでこちらの言葉自体が耳に入っていないようだ。

何、これ。

他の言葉やモノにはいつも通りの反応を返すのだが、その「かげさん」の話題になった瞬間にまるで言葉自体が聞こえていないかのようだ。

斎藤さんは聞き取りの際にこう言っていた。

「これって、影に訊いてはいけないことなんですかね……。訊くな！　って影に言われてるような気がして……」

そんな日々が続く中、瞳ちゃんが斎藤さんにこう言っていた。

「ねぇ、美香がさ、おかあさんただいま、かげさんと帰ってきたーって言ってさ、どこで別れたのって訊いたら、お家まで一緒に帰ってきたよって答えたらどうするの、お母さん……」

美香ちゃんが帰宅してきたときのこと。

「お母さん、お母さん、かげさんまたいたよ、そこの垣根の先」

それが家のすぐそばだった。

「かげさんどこいったの？」というと、

「垣根の先、お山に登っていったよ」

〈垣根の先のお山〉とはその一帯の鎮守となる神社のことであろう。真上に当たる位置には石鎚山《いしづちさん》があるが、そちらにも神社がある。一帯の鎮守となる神社と合わせて上と下、縦に並ぶように鎮守の社を作る手はずだった。

そこに場所が決められたが、建設の日にそれまで元気だった地主さんが倒れてしまった。

その事実を目の当たりにし、住民達の間には〈神社を上下に作るのは縁起が悪いんじゃないか〉そんな噂が出回り始めたという。

美香ちゃんが放った「かげさんがお山に登っていった」の直後に、救急車が登っていくのが分かった。

美香ちゃんの言葉の直後、何が起こっていたのか。

山で注連縄《しめなわ》の張り替えをしていたのだが、そのときに一人転んでしまって怪我をして救急車を呼ぶ事故が起きていた。

勿論、美香ちゃんはそんなことを知る由もない。

斎藤さんが美香ちゃんと買い物に行ったときのことだ。

「あ、かげさんいた」

斎藤さんがはっと気付くと娘の影がズッと伸びていて、大人と同じサイズになっている。

瞳が言った通りだ……。

斎藤さんが美香ちゃんと並んでしばらく歩いていると美香ちゃんが突然口を開いた。

「あ、影さんいなくなった」

美香ちゃんは自分の影のほうを全く見ずにそう言うと、影がすぅと元に戻った。

影のサイズが戻った場所、そこは死亡事故が多発している交差点だった。

斎藤さんが夫である貴博さんに相談すると何なんだろうな……と首をかしげている。

貴博さんが美香ちゃんに「なぁ、かげさんとまた帰ってきたんか？」と訊くと今度はもう最初から耳に入っていないかのように、美香ちゃんはぽかんとしている。全く聞こえていないようだ。

やはり、これは聞いてはいけないことなのか……。

「これは神社の方に相談してみよう」と貴博さんが言い、神社に相談すると半紙に包んだ塩と御札を持たせるように告げられた。

塩や御札を裸のままカバンに入れてしまうとぽろっと落ちてしまうので、御札を服のポケットを縫い付けて、そこに入れて固定した。

簡単に落ちないようにはしたんですよ、と聞き取りの際斎藤さんは言っていた。

縫い付けてから二日ほど経って服を見ると、その御札がない。

驚いて塩はどうなった、と見ると、塩全体が錆びた鉄を混ぜたように茶色く変色していた。

神主さんによれば「そのかげは亡くなる人のところへ行っているだけであって、そいつが招いている訳ではない。だから、もし『かげさん家まで連れてきた』と言ったら、自分達の心配をしなさい。今までは自分達に悪いことはなかったでしょう」とのことだった。

「まぁそう言われて、ああ、そうなのかと思いましたけれど、やっぱり凄く気持ち悪いですよね」と斎藤さんは語っていた。

その後、斎藤さんは神主さんの方から「娘さん、預からせてくれ」と言われた。

もしかしたら、かげが亡くなる人の方向に行くために娘さんにくっついているのかもしれない。そうなると娘さんにとってあまり良くないから。

聞き取りをしていた当時、美香ちゃんはその神社に寝泊まりをして生活していた。

以上が「ののさまのたたり」のきっかけとなった話だ。

この話は十年以上前に聞き取りをし、何度となくインターネット配信で語っていた話だった。

配信で語る中、その場所を始め、固有名詞に関しては全て仮名とし視聴者からコメント等で場所について訊かれても僕は絶対に答えないようにしていた。

しかし、事態は数年後に急展開を迎えることとなる。

四　ののさん

斎藤さんから聞き取りをしたその数年後、僕のところに一通のメッセージが届いた。

こんばんは、配信を視聴させていただき、確認したいことがあります。

煙鳥さんがお話しされていた、かげさんのお話の場所はもしやA県A市内にあるAという交差点のことではないでしょうか。

私には心当たりがありますので、お話を聞いてもらえませんでしょうか。

A県A市内にあるA交差点。

そこは正に斎藤さんが体験した現場であった。

何故、分かったのか。

僕はすぐに聞き取りさせてほしい旨の返信をした。

前田さんという男性から聞いた話である。

前田さんには聞き取りをした当時、五歳の息子がいた。

ある日、妻が息子に新しい友達ができたと話を聞いたときだった。

新しい友達とは、公園とかで遊んでいるそうよ、と妻は言う。

息子は今まで仲のいい友達と言える子がいなかった。

前田さんは喜ばしいことだと思い、そうか、良かったな、と妻に返した。

ある日、前田さんの仕事が休みの日に公園に連れていったが、息子と仲の良さそうな子は一人も見当たらなかった。

息子を寝かしつけた後、妻が口を開いた。

「ねぇ、ののさんって何のことだと思う？」

何の話だ、と返すと妻が首をかしげながら言う。

「あの子、新しい友達の名前、ののさんっていうそうなのよ。それでも、私はそのののさんっていう子を見たことがないの。あの子が違う子と遊んでいるところも見たことがないし、見ている限りは一人で遊んでいるの。それでもあの子は『ののさんと遊んでくる』って言っていつも家を出ていくの」

ねぇ、ののさんって何だと思う？

前田さんが見ていた限り、「ののさんと遊んでくる」と出かけていく息子は楽しそうだった。

例えば、息子さんは

「ののさんと神社いく」

「ののさんと公園いるねー」

「今日ののさんと遊んだよー」

「ののさんが転んだボク見て笑った」

そんな言葉を彼もよく耳にしていた。

息子の言葉から察するに、かなり日常的に遊んでいるが、家にののさんを招待したり、家の中で遊んだことはなく、家を出てののさんと会い遊んでいるようで、遊んでいる場所は神社仏閣、公園などが多かった。

そのときは、ののさんとは息子にとっての想像上の友達、いわゆるイマジナリーフレンドなのだろう、と前田さんは思っていた。

それから息子と家の外で遊んでいて、離れた場所から一人で遊んでいる息子を眺めているとき、「知らない○○にののさんがついてったから帰ってきた」と言いながら自分の元へ帰ってくる姿を度々見るようになった。

息子の「知らない○○」は、「おじさん」「おばあさん」「おねえさん」等、息子が遊んでいる場所の付近にいた人物を指す言葉が入る。

目の前で何度も「ののさんいた！」「ののさんきた！」など聞いたことはあるが、息子が誰かと遊んでいるのを見たことはなかった。

また、息子は時々「ののさんに水を持っていってあげる」と言う。

ののさんに水を持っていってるの？　公園の水を持ってってるの？　と前田さんが訊くと、息子は「公園の水は臭いから嫌なんだって」と返してくる。

以下は、聞き取りの際、リアルタイムで息子さんに訊いてもらったことへの回答、そのままを書く。


「おみずくれ　いうけんちょうだいでしょいったああ」

「こうえんおみずあげたら　くさいいってパンされておこっちゃった」

「おうちのおみずあげたらちゃぁんとぜんぶのんだけどちがうんじゃって」


前田さんは言う。

「おみずじゃなくて、お神酒ですかね？　『ちがうんじゃって』っていうのはお水じゃなくて、お神酒だ、ということでしょうか？」

何故、お神酒なのか。

「ののさん」とは前田さんの地方の幼児語で神、仏を指す言葉だからだった。

前田さんの妻も異常を感じ取っていた。

息子と妻と公園の砂場で遊んでいるときのことだ。

妻が、ふと砂場で遊んでいる息子の影を見ると、異様に大きく長くなっている。

何、これ。

息子の横に座ろうとすると、突然影が元のサイズに戻ったという。


息子に前田さんが「ののさんはどんな人なの？」と訊いたことがある。

息子はただ「尻尾の、ののさん」と答えた。


妻の実家に行ったときのこと。

実家に祖父がおり、実家の近くまで来たからふらっと立ち寄ったのだという。

家族みんなで食事をし、そのとき祖父の膝に座っていた息子が突然「遊んでくる」と言い、おもちゃのある部屋に行った。

しかし、部屋へ行った息子はすぐに元の部屋へ戻ってきた。

息子は戻ってくると、

「ののさん泣きそうじゃった」

そう言って祖父の膝に再び座った。

その帰り道、車内で息子は呟いた。

「じぃちゃんののさんと友達なん？　ののさん、ボクのおうちにも来たらいいのに」

祖父は前田さん家族が実家へ訪れた三日後、脳梗塞で亡くなった。


また、奥さんが息子と遊ぶ影についてボソッと言っていたことがある。

影が息子に近づいてくるときはいつの間にか来る、でも消えるときは霧みたいに消える。

どこかから黒い塊が息子さんの影に這い寄ってきて、息子さんの影と重なっては巨大な姿になるようだ。


前田さんは祖父が亡くなり、葬儀などを終えてしばらく経って落ち着いた頃、ある「怪談」を聞いて驚いたという。

まさか、話の中に出てくる道路と、近所のある道路は同じなのでは。

その中で語られる怪異「かげさん」と息子の言う「ののさん」は同一の存在では。

前田さんは道路に関して、思い当たることがあるという。

息子には以前から何故か通りたくない道路があり、いつも遠回りして他の交差点を渡る。

渡りたくない道路。

それは新しくできた信号付きの横断歩道で、無理に手を引いて渡ろうとしたとき、道路の真ん中まで来ているのにUターンしていってしまったほどだった。

一体何故だろう、と不思議に思っていた。

それは息子が「ののさん」と遊び出す以前からだった。

彼は息子にののさんは『ののくんなの？　ののちゃんなの？』と、訊いたことがある。すると「ののさんはのの様だよ」と答えた。

その声が聞こえづらかったので、聞き返すと　息子は突然叫んだ。

ののさまだ！

息子は目を見開いて、口の端から泡が飛んでいた。


ここまで読んだ方がお気付きの通り、前田さんが聞いて驚いたという怪談は僕の取材した怪談「帰宅」である。

調べたところ、帰宅に登場する道路、そしてこの息子さんが通りたくない道路、どちらも全く同じ道路だった。

このお話は「帰宅」から約二年後に全く違う方が、全く同じ場所で体験したということになる。

かげさんとののさんとは一体。

最初に話を聞いた時点では、息子さんは正に「ののさん」と遊んでいる最中だった。

五　続報

前田さんから一通の連絡を受けた。

引っ越しを決意しました。

冒頭にはそう綴《つづ》られていた。

僕からの聞き取りを受けてから、しばらくしてのことだ。

「友達」と遊んでいるはずの息子が急にいなくなったと、前田さんの妻が慌てて連絡をしてきた。

しかし、息子はすぐに見つかり「友達のところ」へ戻り遊び始めた。

その友達とは「ののさん」だと言っていた。

それから一カ月ほど経った頃。

仕事中、妻から「息子がいない」と半狂乱で連絡があり、急いで家に帰った。妻を家に残して探しまわるものの、いつもの公園、実家、よく遊ぶ神社等どこにも見つからない。数時間が過ぎて、一緒に探してくれた人から漸く「見つかった」との連絡が入った。

気になったのは、息子が見つかった場所があの交差点だったということだ。

そして、今回も同じく「ののさんと遊びに行く」と外出し、行方不明になった。この徘徊は二度目だった。


翌日、息子はいつもに比べ独り言が多かった。

「おかしほしい」

「おさんぽいこ」

「お外で遊ぶ」

そんな言葉を繰り返す。まるで、外に出たくて堪らない、そんな様子だ。

前田さんは夜勤の仕事があることを、息子は分かっている。そのため前田さんが時間を調整するために昼間に寝ていても、息子がそれを起こそうとすることは殆どない。

しかし、この日は日中に寝ていた前田さんを揺り起こして「おかしほしい」「おさんぽいこ」と繰り返し言う。

あまりにも息子がねだり続けたため、二人は出かけることにした。

家を出ると、いつもは通りたがらない場所を通ろうとする。

例の、あの交差点。

今日に限って、何故。

前田さんは少し気味が悪かったそうだが、そのまま交差点を渡った。

渡りきる前に息子は「またね」と、どこにともなく手を振った。

その瞬間、前田さんはとあるものを目にした。

息子を脇に抱えてスーパーまで走った。

買い物中、帰りは他の道を通ろうと、それだけしか頭になかった。

前田さんが交差点で見たもの。

それはこちらに向かってけたたましくサイレンを鳴らして走る救急車だった。

前田さんはその瞬間、引っ越しを決意した。


息子がいなくなったときのことを思い出し、見つかった場所とその日前後のことを調べると、見つかった場所の近くで正に人が亡くなっていることが分かった。

引っ越しの際に前田さんから届いたメッセージにはこう綴られていた。


先ほど、ほぼ荷物も運び終わりました。

居住地が二キロ程度変わっただけですが、少しでも息子が落ち着いたらと思っています。

「かげさん」と「ののさん」という二つの怪談が僕のところへ届き、その怪談の現場となる場所が偶然にも全く同じであることが判明した。

共通点として、

「子供の影に這い寄り、子供の影を巨大化させる」

「子供が目撃すると、近くで人が亡くなる」

「事故が多発する交差点に関連性がある」

「尻尾を有する姿をしている」

が挙げられる。

「ののさん」を公開してから僕のところに沢山のメッセージが届くようになった。

「もしかしてその場所はB県ではないですか?」

奇妙なのは、全く関連性のない方が全く同じ件を指していたことだった。

詳しく話を聞くと決まって彼らは言う。

「詳しくは分かりませんが、そういう影のようなものと道路に関係した場所があるという噂を聞いたことがある」と。

しかし、今までの一連の怪談はB県ではない。

これは一体、どういうことだろうと思いながらも、斎藤さんと前田さんの家族について、そしてこの交差点について調査を続けていた。

六　引き寄せ

僕は前田さんに再び連絡を取り、近況を聞くことにした。

すると「ののさん」を目撃していた息子さんのお姉さんが最近、交通事故を目撃してしまったとのことだった。

そして、よく彼女が躓《つまづ》く横断歩道があるという。

まさか。

驚いて場所を確認したところ、斎藤さんが語った横断歩道の場所と全く同じ地点だった。


前田さんの引っ越し後、彼の娘さんがある神社の横を通ったときに、ふと足を止めたことがある。

うーうーうー。

彼女が突然神社のほうを向き、鼻歌を歌い出した。

前田さんにはそのメロディーが軍歌に聞こえた。

鼻歌を歌い終わると、彼女は神社に向かって右手を挙げ、敬礼した。

前田さんが思わず何やっているの、と訊くと、彼女はただ一言だけ。

「何が？」

彼女はこのときの自分の行動を全く覚えていない。


僕は斎藤さんに対しても近況を聞くことにした。

前田さんの娘さんが最近事故を目撃したようだと申し向けたところ、斎藤さんは言葉を失っていた。

もしかして。

そう言って斎藤さんは語り出した。

それは、件の道路で最近死亡事故があったという話。

私と、娘も見ていたんです。

その事故だったりしませんよね？

そう言ったきり、斎藤さんは言葉を失っていた。

僕がすぐに前田さんに連絡を取るとその予感は当たっていた。

死亡事故現場には斎藤さんと娘さん、更に前田さんと娘さんが居合わせていたということになる。

この何かに引き寄せられるように居合わせたものとは一体。

僕も言葉を失っていた。

さらに、斎藤さんが前田さんに聞いてほしいことがある、と言う。

「私の夫は住職をしているのですが、最近、ののさんに非常によく似たお話を相談しに来た親子がいるんです。私が対応した訳ではないので詳細は分かりませんが、もしかして前田さんか聞いてもらえませんか」

そう言われた僕が確認すると、前田さんではないことが判明した。

つまり、これは未知の第三体験者が存在することになる。

七　まとわりつく

石田さんという女性から聞いた話である。
その頃、石田さんは肩が重いことに悩まされていた。
思い当たる節がないにも拘らず、右肩だけがずっしりと重い。
立っているだけで、身体が傾いてしまうほどに重さを感じていたという。
肩の重さに悩んでいるのと同時期のこと。

石田さんが職場に行って仕事をしているときである。
ばすん。
何かが上から落ちてきた。
石田さんが床を見ると、棚の上に置いてあったはずのカバンが落ちている。
棚の上にカバンを戻す。
ばすん。

またか。

ちゃんと置いていなかったのかな。

そう思った石田さんは、棚の上のしっかりと安定したところに置いてみる。

しかし、やはり棚の上から何度もカバンが転がり落ちてくる。

このカバンの造り自体、そのバランスが悪いのか。

そう思って翌日に彼女はカバンを変えた。

しかし、翌日もやはりカバンは同じく棚の上から床へ落ちてくる。

棚の上からカバンは何度も何度も転がり落ちてくる。


最初は落ちてくるだけだった。

しかし、日を追うごとに自分目掛けてカバンが棚の上から吹っ飛んでくるようになった。

棚の上から自然に落下したならば、床にそのまま落ちるはず。

しかし、カバンはその動きを無視して、自分を狙ったかのように棚の上から落ちてくる。

数日後、石田さんは友人の家へ遊びに行った。

その友人とは昔から親しくしており、そのお母さんとも顔見知りだった。

玄関先でお母さんと会ったときにこんにちは、お邪魔します、と声を掛けたところ、母親は眉を顰《ひそ》め、自分の後ろを見るようにしてこちらを見る。

お母さんと話をしたが、どうにも話がたどたどしく、態度が硬い。会話が上手く続かないのだ。

私、何かしたかなと思いながらも思い当たる節はない。

石田さんは続かない会話を打ち切って、友人と遊びその日は帰宅した。

数日後、友人と会った際に開口一番に「大丈夫だった？」と突然訊かれた。

一体何のことか分からなかった。

「あのね、私のお母さん不思議なものを見ることがよくあって……あなたを見たときに身体に黒い影がまとわりついていて、ぎょっとしたら、その影があなたの周りをぐるぐるって回った後にどこかへ飛んでいったんだって、で、あの子大丈夫かどうか不安だから気を付けるように伝えてって」

それであのとき、そんな態度だったのか。

友人は続ける。

「吹っ飛んでいったから大丈夫だとは思うけど、ってお母さんは言ってたんだけど、でもあの影って近所にあの道路あるでしょ、凄く事故が多い道路。あそこにいっつも立っている影なんだって。だからそいつがあなたにくっついていたから大丈夫かなって」

この道路はとても見通しが良い直線道路である。

しかし、年に何件も人身事故が起こる。

あの道路から……。

石田さんは背筋を冷たくしていた。

終幕

前述した通り「ののさまのたたり」はA県で起こった話であるにも拘らず、多くの方から「B県にそのような噂がある」とメッセージが届いた。

彼らはお互いに全く面識がないにも拘らず、何故か口を揃えてB県の名前を出す。

そして最後に書いた「まとわりつく」はB県の話だ。

これが彼らが言う道路、その現場で起こった話だった。


A県とB県。

死を運ぶ影と道路。

一体この道路には、何がいるんだろう。

僕らが分かっていないだけで、日本中にこのような場所があるのかもしれない。

これを読んだあなたのそばにも。

渦

怪談というものは決して一人で完結するものではない、と冒頭に書きました。

体験者の記憶から、語り手が震わせた喉の振動、書き手が紡いだ文字列。

聞き手の鼓膜の振動、読み手の視覚へ。最後は脳、そして記憶へと戻っていく。

これが繰り返されていくのです。

まるで渦のようだ、と思います。

これが人と人との繋がり、そして現在はインターネットという、個を超えて顔を合わせないコミュニケーションで拡散されていく。

これが無限に続いていく。

死者への哀悼、忌まわしい記憶の封印、そして好奇心。

これらをエンジンとして怪談という渦は回り、絡み合い続けます。

僕ら怪談好きはこのエンジンを止めるすべを知らないのです。

ぐるぐると、この渦を回し続けてしまうのです。

本書に記した怪談達は体験者の記憶という渦の起点から始まり、僕、そして二人の書き手へと繋がった連鎖から今、皆様へと届きました。

皆様の心に残ったものは何でしょうか。

脳内に記録された情報はどのような形を描いたでしょうか。

誰かに、この怪談達を話したくなりましたか。

それこそが怪談という渦を回すエンジンです。

読者の皆様はさぞや強力なエンジンをお持ちではないかと感じています。

この渦を次に繋いでいくのは、本書を最後まで読んでいただいた読者の皆様方です。

僕らが紡いだ本という文字情報は何処へと繋がっていくのか。

この鎖の先に待つものは一体何なのか。

禍々しい目をそむけたくなるような何かでないことを祈ります。

あなたのエンジンは、今か今かと出番を待ち駆動音を鳴らしています。

煙鳥

聞き継ぎ語り継ぎそれを聞き語り継ぎ

最近ずっと、私は「実話怪談はどのように人から人へ語られるのか?」「そこで生まれる怖さや面白さは何か?」とのテーマに興味を持っている。怪談関連の仕事(本書のような実作、怪談文化についての評論など)でも、こうしたコミュニケーションのありようにこそ主眼を置いて作業している。これだけ言うと「実話怪談の内容面を疎《おろそ》かにしているのではないか!」と怒られるかもしれないが、けっしてそうではない。

怪談のコミュニケーションとしてまず思いつくのは、以下の流れだろう。一まとまりの実話怪談エピソード「A1」が、体験者から取材者(例えば私)へ語られる。そこでまた「A2」の話が再構成され、怪談本の読者や怪談ライブの観客に向かって語りなおされる。次にまたその受容者たちも知人の誰かに「A3」の怪談を語りなおすこともあり……。といった風に怪談「A」が再話・再々話されていく連鎖である。

ここで意外と見過ごされがちな点を指摘しよう。実は体験者が語る「A1」の話の時点で、既に別の体験者の体験談が再話・再々話されているケースは多い。例えば本書の『襖』『小田急線沿い』は体験者以外の人物からの伝聞パート抜きには成立しない話だ（それを煙鳥君が我々に再話し、またそれを我々が本書で再々話している）。更に『鏡柱』『ののさまのたたり』はまさしく怪談を語り継ぐ運動そのものについての怪談である。これほど極端でなくてもエピソード内部に別の体験者の体験談が内包されている実話怪談が珍しくない（本書にもまだある）とは、読者諸氏も頷けるだろう。

実話怪談とはその内容に既に「人から人へ語られる」コミュニケーション運動が描かれており、それが怖さ面白さの演出にもなっている。同じく怖い話を扱う都市伝説とはここが違う。都市伝説もまた人々のコミュニケーションで伝わるものだが、その運動が話の内容部分に反映されることはほぼない。「Ａ１」に他者の体験談が内包され、「Ａ２」に「Ａ１」の取材風景が内包され、「Ａ３」に「Ａ２」のライブ風景が内包されたりするのが実話怪談の醍醐味だ。本シリーズはこの語り継ぎを明示した企画なので、吉田パートはそこをひたすら強調した。ちょっとやり過ぎたかもしれないけど。

吉田悠軌

新たな輝き

これまでの『煙鳥怪奇録』シリーズには、煙鳥君が一人で書き上げた作品は収載されていない。二作目『忌集落』収載の「土地遣い」は、基となったテキストの大まかな構成は残されつつもかなりの箇所に私と編集加藤一の手が加えられている。三作目『足を喰らう女』も、私が大幅にリライトした。

そして四作目となる本書では、満を持してシリーズ初の煙鳥君が独力で書き上げた「鏡柱」「ののさまのたたり」が収載される運びとなった。過去作にあった煙鳥クレジットのものと比べると、「煙鳥の息」を感じる仕上がりとなっている。一通読すると過去三作とはまた違った感触があって楽しいのではないかと期待している。

煙鳥君はとにかく、怪談、オカルトが好きだ。

〈好きなんだ！〉という叫び声が煙鳥君の筆から伝わってくる。

勿論私も吉田悠軌さんも好きだから、この辺りを生業にしている。

しかし、煙鳥君の怪談を読んだり聴いたりすると〈好きなんだ！〉のほとばしる勢いに勝てる気がしない。控えめに表現しても常軌を逸してるというべきか、正気と思えないというべきか、そんな言葉しか浮かばない。これは「足を喰らう女」のリライト時にも感じたことだが、オカルト知識を記すとき、煙鳥君は急に文章が緻密で複雑になる。さながらオタクの早口を聞かされているような文章が突如延々と続く。ここにグッとくる。本書「鏡柱」でもその筆致は健在で、「待ってました！　煙鳥！」と喝采を送りたくなる勢いがある。皆さんも思わずニヤついたのではないだろうか。
吉田さんの自由闊達《かったつ》な書きぶりに触れることができるのも、本シリーズの特徴だ。吉田さん曰く「色んな書き方はできるんですが、それを発揮できそうな依頼が来ないからやってないんですよね」とのこと。〈ここ〉では思う存分発揮されているのではないだろうか。シリーズ各作とも、違った輝きがあると思う。もし五作目があるなら、違った輝きを皆で発したい。

二〇二三年十月

高田公太

★読者アンケートのお願い
本書のご感想をお寄せください。アンケートをお寄せいただきました方から抽選で 10 名様に図書カードを差し上げます。
（締切：2023 年 11 月 30 日まで）

応募フォームはこちら

煙鳥怪奇録 ののさまのたたり

2023 年 11 月 6 日　初版第一刷発行

編著・怪談提供……………………………………………………………煙鳥
共著……………………………………………………高田公太、吉田悠軌
監修…………………………………………………………………………煙鳥
装画……………………………………………………………………綿貫芳子
カバーデザイン…………………………………………橋元浩明（sowhat.Inc）

発行人…………………………………………………………………後藤明信
発行所…………………………………………………………株式会社　竹書房
〒 102-0075　東京都千代田区三番町 8-1　三番町東急ビル 6F
email: info@takeshobo.co.jp
http://www.takeshobo.co.jp
印刷・製本……………………………………………………中央精版印刷株式会社

■本書掲載の写真、イラスト、記事の無断転載を禁じます。
■落丁・乱丁があった場合は、furyo@takeshobo.co.jp までメールにてお問い合わせください。
■本書は品質保持のため、予告なく変更や訂正を加える場合があります。
■定価はカバーに表示してあります。
© 煙鳥 / 高田公太 / 吉田悠軌 2023 Printed in Japan